Der wichtigste W
sofort mitreden

Sprechen wie ein echter Italiener

PONS

PONS

Sprechen wie ein echter Italiener

Der wichtigste Wortschatz – sofort mitreden

Bearbeitet von: Anette Dralle, Silvia Verdiani, Giulia Sarti

1. Auflage 2012 (1,02 – 2012)

PONS Produktinfos und Shop: www.pons.de
E-Mail: info@pons.de
PONS Sprachenportal: www.pons.eu

Projektleitung: Gabriela Neumann
Einbandentwurf: Karin Hauptmann, Marion Köster, Stuttgart
Illustrationen: Vera Brüggemann
Logoentwurf: Erwin Poell, Heidelberg
Logoüberarbeitung: Sabine Redlin, Ludwigsburg
Satz: Marion Köster, Stuttgart
Druck: Print Consult GmbH, München
Printed in Slovak Republic

ISBN 978-3-12-517728-4

Inhalt

Abkürzungen im Buch:

abw	abwertend
ugs	umgangssprachlich
slang	Slang
vulg	vulgär
vulg!	sehr vulgär

Vorwort

Sie haben Italienisch in der Schule oder in einem Kurs gelernt und verfügen über solide Grundkenntnisse? Sie finden sich in der Schriftsprache zurecht, stoßen aber an Ihre Grenzen wenn Sie die Menschen auf der Straße Italienisch sprechen hören?

In der Reihe „Sprechen wie ein echter Italiener" haben wir für Sie den wichtigsten Alltagswortschatz zusammengetragen, wie er nicht in den Schulbüchern steht, zu Themen, die aus dem wirklichen Leben gegriffen sind.

Bewusst haben wir auf Grammatikregeln verzichtet und uns darauf konzentriert was Sie brauchen um sofort Mitreden zu können: Hinweise für eine korrekte Aussprache und Beispielsätze, die Ihnen zeigen wie Sie jedes Wort im Zusammenhang richtig anwenden. Probieren Sie es aus und tauchen Sie auf Ihrer Reise noch schneller in die neue Sprache ein.

Viel Erfolg und viele schöne Begegnungen wünscht Ihnen

Ihre
PONS Redaktion

Lernst du noch oder sprichst du schon?

Wie gut sind deine Italienischkenntnisse? Kennst du die wichtigsten Wörter auf Italienisch? Mach diesen Schnelltest und finde es heraus!

1 Was heißt **Knackarsch** auf Italienisch?
- a il culo
- b il collo
- c il culettino

2 Wie übersetzt man **nonno**?
- a Onkel
- b Cousin
- c Großvater

3 **Risotto** isst man als ...
- a antipasto
- b primo piatto
- c secondo piatto

4 **Liebe geht durch den Magen.** Auf Italienisch heißt das: **L'uomo si prende per...**
- a il naso
- b lo stomaco
- c la gola

5 **sentire** hat mehrere Bedeutungen. Welche jedoch nicht?
- a sein
- b fühlen
- c empfinden

6 Was heißt **geloso** auf Deutsch?
- a eifersüchtig
- b gelartig
- c eckig, kantig

7 Wie übersetzt man **Schönheit**?

- **a** il principe azzurro
- **b** la bellezza
- **c** il tipo

8 Was bedeutet **uscita**?

- **a** Eingang
- **b** Ausgang
- **c** Durchgang

9 Die **Nonne** heißt auf Italienisch …

- **a** la nonna
- **b** i nonni
- **c** la suora

10 Welches der folgenden Wörter heißt nicht **besoffen**?

- **a** sbronzo
- **b** ubriaco fradicio
- **c** abbioccato

Lösung: 1c, 2c, 3b, 4c, 5a, 6a, 7b, 8b, 9c, 10c.

AUSWERTUNG

WENIGER ALS 3 RICHTIGE ANTWORTEN:
Du wirst schon bald richig viele Wörter kennen, wenn du regelmäßig einen Blick in „Sprechen wie ein echter Italiener“ wirfst – hier findest du alles, was du wissen musst.

3 BIS 6 RICHTIGE ANTWORTEN:
Nicht schlecht! Du kennst dich gut aus! Aber wetten, dass du in diesem Buch noch so einiges finden wirst, was du bisher noch nicht gewusst hast?

7 BIS 10 RICHTIGE ANTWORTEN:
PONS gratuliert – du bist richtig gut! Aber man lernt ja bekanntlich nie aus, oder? Mit diesem Buch findest du heraus, ob du auch alle anderen wichtigen Wörter der Alltagssprache kennst!

Die richtige Aussprache

Im Allgemeinen spricht man Italienisch so aus, wie es geschrieben wird.

- Die Betonung liegt bei den meisten mehrsilbigen Wörtern auf der vorletzten Silbe: ca**pi**re, gen**ti**le.
- Doppelkonsonanten sind deutlich zu hören: que**l-l**o
- Bei Vokalverbindungen ist jeder einzelne Vokal hörbar: **E-u**ropa

[k]	wie ein deutsches „k" (ungehaucht)	bici**c**letta [bitʃi'kletta]
[ku]	wie in **Ku**ala Lumpur	**qu**aranta [kua'ranta]
[ʎʎ]	wie in Mi**lli**on	fami**gl**ia [fa'miʎʎa]
[ɲ]	wie in Ko**gn**ak	giu**gn**o ['dʒuɲɲo]
[r]	wird als Zungen-r gesprochen	bicchie**r**e [bik'kiɛ:re]
[s]	stimmlos wie in Hau**s**, Ki**s**te	**s**alutare [salu'ta:re]
[z]	stimmhaft wie in Ro**s**e	mu**s**ica ['mu:zika]
[ʃ]	wie das deutsche „sch" in **Sch**rank	cono**sc**ere [ko'noʃʃere]
[tʃ]	wie das deutsche „tsch" in **tsch**üs	pan**ci**a ['pantʃa]
[dʒ]	wie in **Dsch**ungel	man**gi**are [man'dʒa:re]
[sp]	wie in We**sp**e	o**sp**edale [ospe'da:le]
[st]	wie in Ki**st**e	impo**st**a [im'pɔsta]
[v]	wie das deutsche „w" in **W**etter	po**v**ero ['pɔ:vero]

Mein Name ist ...

Sich vorstellen

ciao
['tʃa:o] **hallo**
Ciao, come va? ↔ *Hallo, wie geht's?*

come stai?
wie geht's (dir)?
Come stai? — Bene grazie! ↔ *Wie geht's dir? — Danke, gut!*

mi chiamo ...
mein Name ist ..., ich heiße ...
Mi chiamo Giulia. ↔ *Mein Name ist Giulia.*

Buongiorno!, Buon giorno!
Guten Tag!

il nome
['no:me] **der Name**
Ho dimenticato il suo nome. ↔ *Ich habe seinen/ihren Namen vergessen.*

il nome (di battesimo)
der Vorname
Questo nome non l'ho mai sentito. ↔ *Diesen Vornamen habe ich noch nie gehört.*

presentare
[prezen'ta:re] **sich vorstellen**
Posso presentarti mio marito George? ↔ *Darf ich dir meinen Mann George vorstellen?*

fare lo spelling
buchstabieren
Ti dispiacerebbe fare (ancora una volta) lo spelling? ↔ *Könntest du das (noch einmal) buchstabieren?*

chiamarsi
['kia:ma:rsi] **heißen**
Come ti chiami? ↔ *Wie heißt du?*

la carta d'identità
der Personalausweis
Posso vedere la Sua carta d'identità? ↔ *Kann ich Ihren Personalausweis sehen?*

lo straniero
[stra'niɛ:ro] **la straniera**
der Ausländer, die Ausländerin
Il professore è straniero. ↔ *Der Lehrer ist Ausländer.*

l'estero
['ɛstero] **das Ausland**
Vorrei fare un'esperienza di lavoro all'estero. ↔ *Ich würde gern einmal im Ausland arbeiten.*

capire
[ka'pi:re] **verstehen**
Capisci quello che dice? ↔ *Verstehst du, was er/sie sagt?*

Ciao, ci vediamo!
Tschüss, wir sehen uns!

il compleanno
[komple'anno] **der Geburtstag**
Domani è il mio compleanno. ↔ *Morgen habe ich Geburtstag.*

l'età
[e'ta] **das Alter**
Alla mia età non posso più uscire a bere tutte le sere. ↔ *In meinem Alter kann man nicht mehr jeden Abend einen saufen gehen.* ugs

conoscere[1]
[ko'noʃʃere] **kennen**
La conosci personalmente? ↔ *Kennst du sie persönlich?*

conoscere[2], fare la conoscenza
[ko'noʃʃere] **kennenlernen**
Ci siamo conosciuti a una festa. ↔ *Wir haben uns auf einem Fest kennengelernt.*

abitare
[abi'ta:re] **wohnen**
Abitiamo in una casa di due piani. ↔ *Wir wohnen in einem zweistöckigen Haus.*

imparare
[impa'ra:re] **lernen**
All'università ho imparato molto. ↔ *An der Universität habe ich viel gelernt.*

lavorare
[lavo'ra:re] **arbeiten**
Dove lavori? ↔ *Wo arbeitest du?*

l'allievo, lo studente
[al'liɛ:vo, stu'dɛnte]
l'allieva, la studentessa der Schüler, die Schülerin
Gli studenti di questa scuola indossano un'uniforme. ↔ *Die Schüler dieser Schule tragen eine Uniform.*

lo studente
[stu'dɛnte] **la studentessa der Student, die Studentin**
Ho una stanza alla casa dello studente. ↔ *Ich habe ein Zimmer im Studentenwohnheim.*

lo studio
['stu:dio] **das Studium**
L'anno prossimo finisco gli studi. ↔ *Nächstes Jahr schließe ich mein Studium ab.*

il soggiorno[1]
[sod'dʒorno] **der Aufenthalt**
Per vivere in Italia ci vuole un permesso di soggiorno. ↔ *Um in Italien leben zu dürfen, braucht man eine Aufenthaltsgenehmigung.*

il soggiorno[2]
[sod'dʒorno] **das Wohnzimmer**
Il soggiorno misura venti metri quadri. ↔ *Das Wohnzimmer hat zwanzig Quadratmeter.*

l'alloggio
[al'lɔddʒo] **die Unterkunft**
Cerchiamo un alloggio economico a Roma. ↔ *Wir suchen eine billige Unterkunft in Rom.*

Arrivederci sagt man, wenn man sich duzt oder sich an eine Gruppe von Personen wendet. *arrivederla* dagegen verwendet man, wenn man sich siezt.

la camera
['ka:mera] **das Zimmer**
Cerchiamo una camera per tre notti. ↔ *Wir suchen ein Zimmer für drei Nächte.*

l'affitto
[af'fitto] **die Miete**
Questo mese non ho ancora pagato l'affitto. ↔ *Diesen Monat habe ich die Miete noch nicht bezahlt.*

l'appartamento
[apparta'mento]
die Wohnung
Sto cercando un appartamento a Bologna. ↔ *Ich suche gerade eine Wohnung in Bologna.*

pernottare
[pernot'ta:re] **übernachten**
Dove pernottate quando andate a Milano? ↔ *Wo übernachtet ihr, wenn ihr nach Mailand fahrt?*

prendere in affitto
['prɛndere in af'fitto] **mieten**
Quest'estate prendiamo/prenderemo in affitto una casa al mare. ↔ *Diesen Sommer werden wir ein Haus am Meer mieten.*

parlare
[par'la:re] **reden, sprechen**
Mio marito non parla molto. Non parla italiano. ↔ *Mein Mann redet nicht viel. Er spricht kein Italienisch.*

anziano
[an'tsia:no] **anziana** **alt**
Mia nonna è molto anziana. ➝ *Meine Oma ist sehr alt.*

giovane
['dʒo:vane] **jung**
Tuo padre è ancora abbastanza giovane. ➝ *Dein Vater ist noch ziemlich jung.*

sposato
[spo'za:to] **sposata**
verheiratet
Sei sposato? ➝ *Bist du verheiratet?*

scapolo, libero, single
['ska:polo, 'li:bero, siŋgl] **ledig**
Ha quarant'anni ed è ancora single/libero/scapolo. ➝ *Er ist vierzig Jahre alt und noch ledig.*

Sei mai andato a un appuntamento al buio? Hattest du noch nie ein Blind Date?

nubile, libera, single
['nu:bile, li:bera, siŋgl] **ledig**
Ha quarant'anni ed è ancora single/libera/nubile. ➝ *Sie ist vierzig Jahre alt und noch ledig.*

separarsi
[sepa'ra:rsi] **sich trennen**
Hai sentito? Francesco e Claudia si sono separati. ➝ *Hast du schon gehört? Francesco und Claudia haben sich getrennt.*

vedovo
['ve:dovo] **vedova**
verwitwet
La mia vicina è vedova. ➝ *Meine Nachbarin ist verwitwet.*

Familie & Freunde

la famiglia
['fa'miʎʎa] **die Familie**
Come sta la tua famiglia? •› *Wie geht es deiner Familie?*

i genitori
[dʒeni'to:ri] **die Eltern**
Roberto vive ancora con i genitori. •› *Roberto lebt noch bei seinen Eltern.*

la donna
['dɔnna] **die Frau**
Hai visto quella donna con il vestito bianco? •› *Hast du die Frau in dem weißen Kleid gesehen?*

l'uomo
['uɔ:mo] **der Mann**
È un uomo molto interessante. •› *Er ist ein sehr interessanter Mann.*

la madre
['ma:dre] **die Mutter**
Il bambino chiama sua madre. •› *Das Kind ruft nach seiner Mutter.*

la mamma *ugs*
['mamma] **die Mama, die Mutti** *ugs*
Dov'è la tua mamma? •› *Und wo ist deine Mama?*

il padre
['pa:dre] **der Vater**
Suo padre è tedesco. •› *Sein/Ihr Vater ist Deutscher.*

il papà *ugs*
[pa'pa] **der Papa** *ugs*
I bambini dicono "papà". •› *Die Kinder sagen „Papa".*

la moglie
['moʎʎe] **die Ehefrau**
Mia moglie lavora in banca. •› *Meine Frau arbeitet bei der Bank.*

il marito
[ma'ri:to] **der Ehemann**
Come si chiama suo marito? •› *Wie heißt ihr Mann?*

la coppia
['kɔppia] **das Paar**
Conosco solo delle coppie senza figli. •› *Ich kenne nur kinderlose Paare.*

Laura è innamorata cotta di Claudio. Laura ist bis über beide Ohren in Claudio verliebt. *ugs*

un bambino[1]
[bam'bi:no] **una bambina**
der Junge, das Mädchen
Mia sorella ha due gemelli: un bambino e una bambina. ↔ *Meine Schwester hat Zwillinge: einen Jungen und ein Mädchen.*

il bambino[2]
[bam'bi:no] **la bambina**
das Kind
Il bambino prende la nonna per mano. ↔ *Das Kind nimmt seine Großmutter an die Hand.*

il bebè
[be'bɛ, 'bimbo] **das Baby**
Il bebè piange. ↔ *Das Baby weint.*

il figlio
['fiʎʎo] **der Sohn**
Tuo figlio deve stare più attento a scuola. ↔ *Dein Sohn muss in der Schule mehr aufpassen*

la figlia
['fiʎʎa] **die Tochter**
Mia figlia a 16 anni si è fatta fare un tatuaggio. ↔ *Meine Tochter hat sich mit 16 ein Tattoo machen lassen.*

il fratello
[fra'tɛllo] **der Bruder**
Mio fratello non mi assomiglia per niente. ↔ *Mein Bruder ist mir kein bisschen ähnlich.*

la sorella
[so'rɛlla] **die Schwester**
Mia sorella assomiglia molto a nostro padre. ↔ *Meine Schwester sieht unserem Vater sehr ähnlich.*

l'amicizia
[ami'tʃittsia] **die Freundschaft**
La nostra è un'amicizia di lunga data. ↔ *Wir sind schon lange befreundet.*

l'amico
[a'mi:ko] **der Freund**
È un amico di gioventù. ↔ *Er ist ein Jugendfreund.*

il tipo, l' uomo *ugs*
['ti:po, 'uɔ:mo] **der Kerl** *ugs*
Quel ragazzo non è il mio tipo, è troppo palestrato. *slang* ↔ *Dieser Kerl ist nicht mein Typ, viel zu muskulös. ugs*

Il tuo ragazzo non è una bellezza, ma a me piace. Dein Freund ist zwar kein Adonis, aber er gefällt mir.

l'amica
[a'mi:ka] **die Freundin**
La tua amica è molto carina. ↔ *Deine Freundin ist sehr hübsch.*

la tipa *slang*
['ti:pa] **die Tussi** *slang*
La tipa in copertina ha un fisico da panico. *slang* •• *Die Tussi auf dem Titelblatt hat 'ne geile Figur. slang*

il / la rompiscatole *ugs*
[rompis'ka:tole] **die Nervensäge** *ugs*
Non fare il rompiscatole! *ugs* •• *Jetzt sei mal keine Nervensäge! ugs*

il figo, la figa *slang*
['fi:ga] **der geile Typ, die scharfe Braut** *slang*
Guarda che figa! *slang, vulg* •• *Schau mal, was für 'ne scharfe Braut! slang*

Il fine settimana esco sempre con gli amici. **Am Wochenende gehe ich immer mit Freunden aus.**

i nonni
['nɔnni] **die Großeltern**
Vado a trovare i miei nonni tutte le domeniche. •• *Ich besuche meine Großeltern jeden Sonntag.*

il nonno
['nɔnno] **der Opa**
Il nonno racconta le favole ai suoi nipotini. •• *Der Opa erzählt seinen Enkeln Märchen.*

la nonna
['nɔnna] **die Oma**
Mia nonna è molto minuta. •• *Meine Oma ist sehr klein.*

la zia
['tsi:a] **die Tante**
Ho una zia che ha novant' anni. •• *Ich habe eine Tante, die neunzig Jahre alt ist.*

lo zio
['tsi:o] **der Onkel**
È lo zio di Cristina. •• *Das ist Cristinas Onkel.*

lo / il suocero
['suɔ:tʃero] **la suocera**
der Schwiegervater, die Schwiegermutter
Mia suocera è molto curiosa. •• *Meine Schwiegermutter ist sehr neugierig.*

Unverheiratete bezeichnen sich in Italien gerne als *libero* frei oder als *single* single. Dieser englische Ausdruck hat sich inzwischen im allgemeinen Wortschatz etabliert.

Das Wichtigste in Kürze

Salutare	Grüßen
Buongiorno! *(morgens)*	*Guten Morgen!*
Buongiorno! *(bis ca. 13:00 Uhr)*	*Guten Tag!*
Buonasera! *(ab ca. 13:00 Uhr)*	*Guten Abend!*
Ciao! / Salve!	*Hallo!*
Buondì!	*Guten Morgen/Tag! (förmlicher, weniger verbreitet)*

Presentarsi	Sich vorstellen
Mi presento, …	*Darf ich mich vorstellen? …*
Il mio nome è Michael.	*Mein Name ist Michael.*
Mi chiamo Michael.	*Ich heiße Michael.*
Sono Michael.	*Ich bin Michael.*
Piacere! / Piacere di conoscerLa / conoscerti.	*Sehr angenehm! / Freut mich, Sie/dich kennenzulernen.*
Molto piacere (di conoscer La/di conoscerti)!	*Sehr erfreut(, Sie/dich kennenzulernen)!*
Ho sentito molto parlare di Lei.	*Ich habe schon viel von Ihnen gehört.*

Chiedere come sta	Nach dem Befinden fragen
Come sta?	*Wie geht es Ihnen?*
Come stai?	*Wie geht es dir?*
Come va?	*Wie geht's?*
Bene, grazie. E Lei/tu?	*Gut danke. Und Ihnen/dir?*

Salutare	**Sich verabschieden**
Arrivederci!/ArrivederLa! *(förmlicher)*	*Auf Wiedersehen!*
A più tardi!/A dopo!	*Bis später!*
A presto!	*Bis bald!*
Alla prossima volta!/Alla prossima!	*Bis zum nächsten Mal!*
Ciao!	*Tschüss!/Ciao!*
Stammi bene!	*Mach's gut!*
Allora, a presto!	*(Also dann,) bis bald!*
A domani!	*Bis morgen!*
Alla prossima settimana!	*Bis nächste Woche!*
Ci vediamo!	*Wir sehen uns!*
Ci si vede!	*Man sieht sich!*
Buona notte, dormi bene/sogni d'oro!	*Gute Nacht, schlaf gut/schön!*
Ciao! Buon viaggio!	*Tschüss! Gute Reise!*
Buona giornata!	*Einen schönen Tag noch!*
Buona serata!	*Einen schönen Abend!*

Ringraziare	**Sich bedanken**
Grazie! – Prego!/Di niente!/Non c'è di che!	*Danke! – Bitte!/Gern geschehen!/Keine Ursache!*
Molte/tante grazie! – Di niente!/Non c'è di che!	*Danke sehr/schön!/Vielen Dank! – Gern geschehen!/Keine Ursache!*
Grazie mille! – Prego!/Ma prego, non c'è di che!	*Tausend Dank! – Bitte, bitte!/Aber bitte, das ist doch nicht der Rede wert!*

Fare complimenti	**Komplimente machen**
Che bello!	*Wie schön!*
È meraviglioso!	*Das ist wunderbar!*

Questo/-a ... ti sta molto bene! *(Kleidung, Schmuck)*	*Das steht dir gut!*
Stai (molto) bene. – Oh, grazie!	*Du siehst (sehr) gut aus. – Oh, danke!*
Il pranzo/La cena era buonissima!	*Das Essen war ausgezeichnet!*
Siamo stati molto bene a casa Sua.	*Wir haben uns bei Ihnen sehr wohl gefühlt.*

Scusarsi — Sich entschuldigen

Mi scusi!/Mi perdoni! *(Sie-Form)*	*Entschuldigen Sie!/Verzeihen Sie!/Pardon!*
Scusa!/Perdonami! *(Du-Form)*	*Entschuldige!/Verzeih!/Pardon!*
Oh, non volevo!	*(Oh,) das hab ich nicht gewollt!*
Mi dispiace!/Mi spiace!	*Das tut mir leid!*
Mi dispiace, non intendevo dire questo.	*Es tut mir leid, das habe ich nicht so gemeint.*
Mi scusi, non volevo/non era mia intenzione.	*Entschuldigen Sie bitte! Das war nicht meine Absicht.*
Mi devo veramente scusare.	*Ich muss mich dafür wirklich entschuldigen.*
Va bene!	*Schon okay!*
Non fa niente!	*Das macht doch nichts!*
Non ti preoccupare!	*Keine Ursache! Mach dir keinen Kopf!*
Fa niente!	*Macht nichts!*
Non se la prenda troppo!	*Nehmen Sie es sich nicht so sehr zu Herzen!*

Origine e soggiorno — Herkunft und Aufenthalt

È/Sei qui da molto?	*Sind Sie/Bist du schon lange hier?*
Sono qui da due settimane.	*Ich bin seit zwei Wochen hier.*

Quanto rimane/rimani?	*Wie lange bleiben Sie/bleibst du?*
È la prima volta che è/sei qui?	*Sind Sie/Bist du zum ersten Mal hier?*
Che gliene pare?/Che ne pensa?	*Wie finden Sie es?*
Da dove viene/vieni?	*Woher kommen Sie/kommst du?*
Sono di Berlino./Vengo da Berlino.	*Ich komme aus Berlin.*

Salutarsi tra amici	**Sich begrüßen unter Freunden**
Bella lì!	*Hi!*
Ciao raga!	*Hallo zusammen!*
Ciao gente, come va?	*Na Leute, wie läuft's?*
Com'è?	*Was geht?*
Come butta?	*Was geht ab?*
Tutto a posto/ok!	*Alles klar!*
Tutto rego!	*Alles senkrecht!*
Alla grande!	*Super!*
Raga, io vado... ci si vede!	*Hey Leute, ich pack's, man sieht sich!*
Ci si sente!	*Wir hören uns!*
Ci si!	*Bis dann!*
Ci sentiamo/vediamo presto!	*Wir hören/sehen uns bald!*
Ci becchiamo in giro!	*Man sieht sich!*
Stammi bene!	*Mach's gut!*

Von Kopf bis Fuß

Der Körper

l'occhio
['ɔkkio] **das Auge**
Di che colore hai gli occhi? ↔ *Was hast du für eine Augenfarbe?*

Il ragazzo di Laura ha degli occhi stupendi.
Lauras Freund hat wunderschöne Augen.

il corpo
['kɔrpo] **der Körper**
I nuotatori hanno un corpo atletico. ↔ *Die Schwimmer haben athletische Körper.*

la testa
['tɛsta] **der Kopf**
Il sole ci picchia in testa. ↔ *Die Sonne brennt auf unsere Köpfe.*

il capello
[ka'pello] **das Haar**
Mi piacciono i capelli lunghi. ↔ *Mir gefallen lange Haare.*

il viso
['vi:zo] **das Gesicht**
Hai un viso d'angelo. ↔ *Du hast ein Gesicht wie ein Engel.*

l'orecchio
[o'rekkio] **das Ohr**
Mi fa male l'orecchio destro. ↔ *Mir tut das rechte Ohr weh.*

il naso
['na:so] **die Nase**
Quando nuoto non respiro con il naso. ↔ *Beim Schwimmen atme ich nicht durch die Nase.*

la bocca
['bokka] **der Mund**
Apri la bocca e chiudi gli occhi! ↔ *Mund auf, Augen zu!*

il labbro
['labbro] **die Lippe**
Quando esco mi metto il gloss sulle labbra. ↔ *Wenn ich ausgehe, benutze ich Lipgloss.*

il collo
['kɔllo] **der Hals**
Mi è corsa incontro e mi ha gettato le braccia al collo. → *Sie rannte mir entgegen und fiel mir um den Hals.*

la spalla
['spalla] **die Schulter**
La nuca e le spalle sono parti del corpo che spesso sono contratte. → *Im Nacken und in den Schultern ist man oft verspannt.*

il braccio
['brattʃo] **der Arm**
Mi sono rotto/a un braccio. → *Ich habe mir den Arm gebrochen.*

la mano
['ma:no] **die Hand**
Le strinse la mano per salutarla. → *Er/Sie gab ihr zur Begrüßung die Hand.*

il dito della mano
der Finger
Le manca un dito della mano sinistra. → *An der linken Hand fehlt ihr ein Finger.*

il petto
['pɛtto] **die Brust**
Vado matta per gli uomini col petto villoso. → *Männer, die Haare auf der Brust haben, machen mich ganz verrückt.*

il seno
['se:no] **der Busen**
Ma secondo te quel seno è naturale? → *Glaubst du, dieser Busen ist echt?*

il capezzolo
[ka'pettsolo] **die Brustwarze**
I capezzoli, sia degli uomini sia delle donne, sono molto sensibili al tatto. → *Die Brustwarzen sind bei Männern und Frauen sehr berührungsempfindlich.*

il pancione, la panza
ugs [pan'tʃo:ne, 'pantsa]
der Ranzen *ugs*
Che mangiata mi son fatto… guarda che panza! *ugs* → *Was für eine Fresserei … Schau dir nur mal an, was ich für einen Ranzen habe!* *ugs*

L'uomo si prende per la gola. Liebe geht durch den Magen.

la pancia
['pantʃa] **der Bauch**
Dopo mangiato ho sempre la pancia gonfia. → *Nach dem Essen habe ich immer einen aufgeblähten Bauch.*

il pene
['pɛ:ne] **der Penis**
Quando un uomo ha un'erezione, il pene diventa duro. ↔ *Wenn ein Mann eine Erektion hat, versteift sich sein Penis.*

il cazzo *vulg*
['kattso] **der Schwanz** *slang*
Crede di avere il cazzo più grande del mondo. *vulg* ↔ *Er glaubt, er hätte den größten Schwanz der Welt. vulg*

la vagina
[va'dʒi:na] **die Scheide**
Per indicare la vagina esistono molte espressioni volgari. ↔ *Für 'Scheide' gibt es viele Vulgärausdrücke.*

la passera *vulg*
['passera] **die Muschi** *vulg*
Fammi vedere la passera, dolcezza. *vulg* ↔ *Zeig mir deine Muschi, Süße. vulg!*

i peli del pube
das Schamhaar
Mi rado i peli del pube una volta alla settimana. ↔ *Ich rasiere mir einmal pro Woche die Schamhaare.*

il fondoschiena
[fondo'skiɛ:na] **der Hintern** *ugs*
Ammazza, che fondoschiena! *ugs* ↔ *Donnerwetter, was für ein Hintern! ugs*

il culo *vulg*
['ku:lo] **der Arsch** *vulg*
Laura ha due tette meravigliose e un culo ancor più bello. *vulg* ↔ *Laura hat tolle Titten und 'nen noch tolleren Arsch. vulg!*

Mi ha fottuto / inculato, quello stronzo!

vulg **Dieser Arsch hat mich beschissen!** *vulg*

il culettino *ugs*
[kule'tti:no] **der Knackarsch** *ugs*
Quella ragazza al banco ha davvero un bel culettino. *ugs* ↔ *Das Mädchen an der Theke da hat 'nen richtig schönen Knackarsch. slang*

la schiena
['skiɛ:na] **der Rücken**
Tesoro, perché non mi massaggi la schiena? ↔ *Schatz, würdest du mir den Rücken massieren?*

la pelle
['pɛlle] **die Haut**
Ha la pelle molto chiara. ↔ *Ihre Haut ist sehr hell.*

la pelle d'oca
die Gänsehaut
Quando mi ha dato un bacio sulla guancia, mi è venuta la pelle d'oca. ➡ *Als er/sie mich auf die Wange küsste, bekam ich eine Gänsehaut.*

la gamba
['gamba] **das Bein**
La ballerina ha delle gambe lunghissime. ➡ *Die Tänzerin hat sehr lange Beine.*

Gesundheit

salutare
[salu'ta:re] **gesund**
Il clima marittimo è molto salutare. ➡ *Das Meeresklima ist sehr gesund.*

Per te contano di più le tette o le gambe? vulg
Was ist für dich wichtiger: Titten oder Beine? vulg

in forma
[in'forma] **fit**
Faccio molto sport per tenermi in forma. ➡ *Ich mache viel Sport, um fit zu bleiben.*

malato
[ma'la:to] **malata** **krank**
È sempre malato. ➡ *Er ist ständig krank.*

il piede
['piɛ:de] **der Fuß**
Nella mia famiglia abbiamo i piedi larghi. ➡ *In meiner Familie haben alle breite Füße.*

la malattia
[malat'ti:a] **die Krankheit**
Ha una malattia grave? ➡ *Ist er/sie schwer krank?*

il dito del piede
der Zeh
Ho le dita dei piedi leggermente storti. ➡ *Meine Zehen sind etwas krumm.*

la vaccinazione
[vattʃinat'tsio:ne] **die Impfung**
L'unico rimedio è la vaccinazione. ➡ *Dagegen hilft nur eine Impfung.*

il dolore
[do'lo:re] **der Schmerz**
I dolori erano insopportabili. → *Die Schmerzen waren unerträglich.*

dolere, far male
[do'le:re] **schmerzen, weh tun**
Mi fanno male i denti incisivi. → *Meine Vorderzähne schmerzen.*

pericoloso
[periko'lo:so] **pericolosa**
gefährlich
La strada lungo la costa è molto pericolosa. → *Die Küstenstraße ist sehr gefährlich.*

Attenzione pericolo! Achtung Gefahr!

l'incidente
[intʃi'dɛnte] **der Unfall**
Quando è successo l'incidente non non eravamo lì. → *Wir waren nicht dort, als der Unfall passierte.*

ferire
[fe'ri:re] **verletzen**
Il colpo lo ferì al braccio. → *Der Schuss verletzte ihn am Arm.*

la ferita
[fe'ri:ta] **die Wunde**
La ferita fa piuttusto impressione. → *Die Wunde sieht ziemlich eklig aus.*

Si nota subito se una donna ha il sangue caldo. Man merkt sofort, ob eine Frau Temperament hat.

il sangue
['saŋgue] **das Blut**
Il paziente ha perso molto sangue. → *Der Patient hat viel Blut verloren.*

il dottore
[dot'to:re] **la dottoressa**
der Arzt, die Ärztin
Il dottore mi ha prescritto delle pillole. → *Der Arzt hat mir Tabletten verschrieben.*

l'ospedale
[ospe'da:le] **das Krankenhaus**
I feriti sono stati portati all'ospedale. ↔ *Die Verletzten wurden ins Krankenhaus gebracht.*

il pronto soccorso
['pronto sok'korso] **die Notaufnahme**
Dov'è il pronto soccorso? ↔ *Wo ist die Notaufnahme?*

la farmacia
[farma'tʃi:a] **die Apotheke**
C'è una farmacia qua nelle vicinanze? ↔ *Gibt es hier eine Apotheke in der Nähe?*

la farmacia di turno
[farma'tʃi:adi'turno] **die Bereitschaftsapotheke**
La farmacia di turno più vicina è alla stazione. ↔ *Die nächste Bereitschaftsapotheke ist am Bahnhof.*

la ricetta
[ri'tʃɛtta] **das Rezept**
Il medico mi diede una ricetta ↔ *Der Arzt gab mir ein Rezept.*

la medicina, il farmaco
[medi'tʃi:na] **die Arznei, das Arzneimittel**
Per questi farmaci ci vuole la ricetta medica. ↔ *Das sind verschreibungspflichtige Arzneien.*

l'antibiotico
[antibi'ɔ:tiko] **das Antibiotikum**
Il medico mi ha prescritto un antibiotico. ↔ *Der Arzt hat mit ein Antibiotikum verschrieben.*

la pomata
[po'ma:ta] **die Salbe**
Questa pomata fa miracoli! ↔ *Diese Salbe wirkt Wunder!*

il mal di testa
[maldi'tɛsta] **die Kopfschmerzen**
Questo caldo mi ha fatto venire un terribile mal di testa! ↔ *Von der Hitze habe ich schreckliche Kopfschmerzen bekommen!*

il mal di mare
[maldi'ma:re] **die Seekrankheit**
Ogni volta soffro di mal di mare. ↔ *Ich werde jedes Mal seekrank*

la diarrea
[diar'rɛ:a] **der Durchfall**
Ha bevuto del latte andato a male e gli è venuta la diarrea. ↔ *Er hat Milch getrunken, die schlecht war und schon hat er Durchfall bekommen.*

la pillola
['pillola] **die Tablette**
Deve prendere una pillola alla settimana. ↔ *Sie*

müssen jede Woche eine Tablette einnehmen.

l'allergia
[aller'dʒi:a] **die Allergie**
Le allergie alimentari sono molto diffuse. ↔ *Lebensmittelallergien sind weitverbreitet.*

guarire
[gua'ri:re] **genesen, gesund werden**
Dormire un po' ti aiuta a guarire. ↔ *Ein bisschen Schlaf hilft einem dabei, wieder gesund zu werden.*

migliorare
[miʎʎo'ra:re] **besser (werden)**
Stanno migliorando le sue condizioni di salute. ↔ *Sein/Ihr Gesundheitszustand verbessert sich.*

peggiorare
[peddʒo'ra:re] **schlechter (werden)**
Il suo stato di salute è peggiorato. ↔ *Sein/Ihr Gesundheitszustand hat sich verschlechtert.*

Gefühle und Eigenschaften

Positive Gefühle

il carattere
[ka'rattere] **der Charakter**
La sua nuova fidanzata ha un bel carattere solare, è sempre allegra. •• *Seine neue Freundin hat ein offenes Wesen, sie ist immer fröhlich.*

la personalità
[personali'ta] **die Persönlichkeit**
Una personalità staordinaria! •• *Eine einzigartige Persönlichkeit!*

la qualità
[kuali'ta] **die Eigenschaft**
La sua prima qualità è la pazienza. •• *Seine/Ihre wichtigste Eigenschaft ist Geduld.*

comportarsi
[kompor'tarsi] **sich verhalten**
Bravi, vi siete comportati benissimo! •• *Super, ihr habt euch sehr gut benommen!*

sentire
[sen'ti:re] **fühlen**
Dimmi cosa senti, tesoro? •• *Liebling, sag mir was du fühlst.*

sentirsi
[sen'ti:rsi] **sich fühlen**
Oggi non mi sento, cosi felice. •• *Heute bin ich so glücklich!*

ridere
['ri:dere] **lachen**
Non ce la faccio più! C'è da morir dal ridere! ugs •• *Ich kann nicht mehr! Ich lach mich tot!* ugs

Buona fortuna
Viel Glück!

contento, felice
[kon'tɛnto, fe'li:tʃe]
contenta froh
Sii contenta, è passata! •• *Sei doch froh, dass alles vorbei ist!*

matto
['matto] **matta verrückt**
Mio figlio va matto per le moto. •• *Mein Sohn ist verrückt nach Motorrädern.*

scaltro
['skaltro] **scaltra schlau, klug**
Il nostro nuovo vicino di casa è un tipo scaltro. ugs •• *Unser neuer Nachbar ist ein schlauer Typ.* ugs

E piantala di fare il saputello! slang **Hör schon auf, einen auf Klugscheißer zu machen!** slang

intelligente
[intelli'dʒɛnte] **intelligent**
Che soluzione intelligente! ↔ *Das war eine intelligente Lösung.*

speciale
[spe'tʃa:le] **besondere, besonderer, besonderes**
Oggi è un giorno speciale. ↔ *Heute ist ein besonderer Tag.*

specialmente
[spetʃal'mente] **besonders**
Il mare mi piace specialmente d'estate. ↔ *Das Meer gefällt mir im Sommer besonders gut.*

controcoglioni *vulg*
[kontro'koʎ'ʎo:ni] **supergeil** *slang*
È stata una manifestazione coi controcoglioni. *vulg* ↔ *Das war eine supergeile Kundgebung. slang*

felice
[fe'li:tʃe] **glücklich**
La mia famiglia mi rende felice. ↔ *Meine Familie macht mich glücklich.*

fantastico
[fan'tastiko] **fantastica toll**
È stato fantastico! ↔ *Es war toll!*

gentile
[dʒen'ti:le] **freundlich**
Grazie, è molto gentile da parte tua. ↔ *Danke, das ist sehr freundlich von dir.*

simpatico
[sim'pa:tiko] **simpatica nett**
È un tipo simpatico. ↔ *Er ist ein netter Kerl.*

sorpreso
[sor'pre:so] **sorpresa überrascht**
Che bella sorpresa! Grazie! ↔ *Was für eine schöne Überraschung! Danke!*

cauto
['ka:uto] **cauta vorsichtig**
Guida con cautela, c'è ghiaccio sulle strade. ↔ *Fahr vorsichtig – die Straßen sind sehr glatt.*

piacere
[pia'tʃe:re] **gefallen, mögen**
Ti piace il mio taglio di capelli? ↔ *Gefällt dir mein Haarschnitt?*

innamorato
[innamo'ra:to] **innamorata** **verliebt**
È innamorato di una ragazza spagnola. ↔ *Er ist in ein spanisches Mädchen verliebt.*

cotto *ugs*
['kɔtto] **cotta** **verknallt** *ugs*
Sei cotto, si vede dallo sguardo! *ugs* ↔ *Du bist total verknallt, man sieht's an deinem Blick! ugs*

amare
[a'ma:re] **lieben**
Tu non sai quanto l'amo. ↔ *Du weißt nicht, wie sehr ich sie liebe.*

innamorarsi
[innamo'ra:rsi] **sich verlieben**
Senza volerlo, si è innamorata di lui. ↔ *Ohne es zu wollen, hat sie sich in ihn verliebt.*

l'amore
[a'mo:re] **die Liebe**
È stato il suo primo amore. ↔ *Er/Sie war ihre/seine erste Liebe.*

preferire
[prefe'ri:re] **bevorzugen**
In questo momento il caffè non mi va, preferisco un tè. ↔ *Ich mag keinen Kaffee. Ich hätte jetzt am liebsten einen Tee.*

benvoluto
[benvo'lu:to] **benvoluta** **beliebt**
In azienda è molto benvoluta. ↔ *In der Firma ist sie sehr beliebt.*

simpatico
[sim'pa:tiko] **simpatica** **sympathisch**
Quella ragazza sembra simpatica. ↔ *Das Mädchen scheint sympathisch zu sein.*

scusare
[sku'za:re] **entschuldigen**
Scusa per il disturbo. ↔ *Entschuldige die Störung.*

ragionevole
[radʒo'ne:vole] **vernünftig**
È molto ragionevole. ↔ *Er/Sie ist sehr vernünftig.*

godersi
[go'de:rsi] **genießen**
Ci siamo goduti le vacanze alla grande. *ugs* ↔ *Wir haben die Ferien sehr genossen.*

Questa barzelletta non è proprio niente male!
Dieser Witz ist echt nicht schlecht!

divertente
[diver'tɛnte] **lustig**
Abbiamo visto un film divertente. •› *Wir haben einen lustigen Film angeschaut.*

andare d'accordo
[an'da:redak'kɔrdo] **sich (gut) verstehen**
David ed io andiamo molto d'accordo. •› *David und ich verstehen uns sehr gut.*

essere contento
['ɛsserekon'tɛnto] **sich freuen**
Sono contento di rivederti. •› *Ich freue mich, dich wiederzusehen.*

meraviglioso
[meraviʎ'ʎo:so] **meravigliosa wunderbar**
È stata una gita meravigliosa. •› *Es war ein wunderbarer Ausflug.*

sperare
[spe'ra:re] **hoffen**
Beh, lo spero! •› *Na, das will ich doch hoffen!*

Negative Gefühle

arrabbiato
[arrab'bia:to] **arrabbiata verärgert, wütend**
È molto arrabbiata. È meglio che la lasci in pace. •› *Sie ist total wütend. Lass sie lieber in Ruhe.*

seccato *ugs*
[sek'ka:to] **seccata**
genervt *ugs*
Ti vedo seccata. Cos'hai? •› *Du siehst genervt aus. Was ist los?*

vaffa(nculo)! *vulg*
[vaffan'ku:lo] **du kannst mich mal!** *slang*
Ma vaffa(nculo)! *vulg* •› *Du kannst mich mal!*

odiare
[o'dia:re] **hassen**
Io odio lavare i piatti. •› *Ich hasse Geschirrspülen.*

Che pirla! ugs abw
Was für ein Trottel! abw

urlare
[ur'la:re] **schreien**
Smetti di urlare! •› *Hör auf zu schreien!*

piangere
['piandʒere] **weinen**
Quando gli hanno dato la notizia si è messo a piangere. •› *Als er die Nachricht erhielt, fing er an zu weinen.*

triste
['triste] **traurig**
Quando la incontro è sempre triste. •› *Immer wenn ich sie sehe, ist sie traurig.*

pigro
['pi:gro] **pigra** **faul**
Questo ragazzo è molto pigro. •› *Dieser Junge ist sehr faul.*

esagerare
[ezadʒe'ra:re] **übertrieben**
Ha un po' esagerato con il look. •› *Mit ihrem Outfit hat sie's ein bisschen übertrieben.*

pazzo, matto
['pattso, 'matto] **pazza, matta** **verrückt**
È completamente pazza! •› *Sie ist total verrückt!*

sclerare *slang*
[skle'ra:re] **ausflippen** *ugs*
Quando ha visto il graffio sulla moto ha sclerato. *slang* •› *Als er den Kratzer an seinem Motorrad sah, flippte er aus.* *ugs*

perdere le staffe *ugs*
['pɛrderele'staffe] **ausrasten** *ugs*
Tuo padre perderà le staffe quando lo trova qui. *ugs* •› *Dein Vater wird ausrasten, wenn er ihn hier sieht.*

dispiacersi
[dispia'tʃe:rsi] **leidtun, bedauern**
Mi dispiace che non sei potuto venire alla festa. •› *Es tut mir leid, dass du nicht zu dem Fest kommen konntest.*

fare incazzare *vulg*
['fa:re iŋka'tsa:re] **ärgern, wütend machen**
Marco mi ha fatto proprio incazzare, ora gli faccio un culo così. •› *Marco hat mich*

echt sowas von geärgert, dem reiß' ich den Arsch auf! vulg

Vuoi prendermi per il culo per caso? slang
Willst du mich etwa verarschen? slang

lamentarsi
[lamen'ta:rsi] **sich beschweren**
Mia madre si lamenta sempre del mangiare. ➜ *Meine Mutter beschwert sich immer über das Essen.*

terribile
[ter'ri:bile] **furchtbar, schrecklich**
È una situazione terribile. ➜ *Das ist eine schreckliche Situation.*

faticoso
[fati'ko:so] **faticosa** **hart, schwer**
Che lavoro faticoso! ➜ *Was für eine harte Arbeit!*

spaventare
[spaven'ta:re] **erschrecken**
Quando ho sentito quel rumore mi sono spaventato. ➜ *Ich habe mich erschrocken, als ich den Lärm hörte.*

impaurito
[impau'ri:to] **impaurita** **verängstigt**
Perché sei sempre così impaurito? ➜ *Warum bist du immer so verängstigt?*

la paura
[pa'u:ra] **die Angst**
Non ho paura del buio. ➜ *Ich habe keine Angst im Dunkeln.*

preoccuparsi
[preokkuparsi] **sich Sorgen machen**
Non ti preoccupare, passa subito. ➜ *Keine Sorge, das geht schnell vorüber.*

pensiero
[pen'siɛ:ro] **die Sorge**
Non tardare, sennò mi fai stare in pensiero. ➜ *Komm nicht zu spät, sonst mache ich mir wegen dir Sorgen.*

strano
['stra:no] **strana** **komisch**
Non lo trovi anche tu un po' strano quel ragazzo? ➜ *Findest du den Jungen da nicht auch ein bisschen komisch?*

la gelosia
[dʒelo'si:a] **die Eifersucht**
La gelosia lo uccide. Non sopporta vederla parlare con un altro. ➜ *Die Eifersucht bringt ihn noch um. Er erträgt es nicht, sie mit einem anderen sprechen zu sehen.*

Das Wichtigste in Kürze

Bestemmie ed insulti	**Flüche und Schimpfwörter**
Accidenti!	*Verdammt!*
Al diavolo!	*Teufel noch mal!*
Cavolo!	*Mist!*
Cazzarola!	*Scheiße!*
Cazzo!	*Scheiße!*
Che casino!	*So ein Mist!*
Che schifo!	*Igitt!*
Cribbio!	*Wahnsinn!*
Dannazione!	*Verflucht noch mal!*
Maledizione!	*Verflixt!*
Mannaggia!	*Mist!*
Merda!	*Scheiße!*
Porca miseria!	*So eine Sauerei!*
Porca puttana/troia/vacca!	*Verdammte Scheiße/Sauerei/ Verdammter Mist!*
Puttana Eva!	*Scheiße!*
Puttana la miseria!	*Verdammte Scheiße!*

Litigare	**Sich streiten**
Che accidenti vuoi?	*Was zum Teufel willst du?*
Che cazzo fai?	*Was für einen Scheiß machst du da?*
Che cavolo/diavolo stai dicendo?	*Was sagst du da, verdammt/ zum Teufel noch mal?*

Non dire cazzate/stronzate!	*Erzähl doch keinen Müll/Scheiß!*
Chiudi il becco!	*Halt's Maul!*
Dacci un taglio!	*Hör auf damit!*
Finiscila piantala!	*Hör auf damit!*
Non rompere/non scassare!	*Nerv nicht!*
Mi hai rotto le palle/i coglioni!	*Du gehst mir voll auf den Sack!*
Ne ho le scatole/le palle piene!	*Ich habe die Nase/Schnauze voll!*
Non me ne frega (nulla/un accidente)!	*Es geht mir (völlig/vierspurig) am Arsch vorbei!*
Non me ne frega una mazza/un cazzo!	*Es ist mir piepegal/scheißegal!*
Sei solo un povero stronzo!	*Du bist doch nur ein armes Arschloch!*
Fatti gli affari/i cavoli/i cazzi tuoi!	*Kümmere dich um deine(n) eigenen Sachen/Mist/Scheiß!*
Togliti di mezzo/di torno/dai piedi!	*Geh mir bloß aus dem Weg!*
Levati dal cazzo/di culo/dalle palle/dai coglioni!	*Verpiss dich!*
Sparisci!/Sgomma!/Fila!	*Hau ab!/Verschwinde!/Zisch ab!*
Vai a cagare/a farti fottere!	*Fahr zur Hölle!*
Ma vai a farti benedire!	*Zum Teufel mit dir!*
Vai al diavolo!	*Scher dich zum Teufel!*
Vaffanculo!	*Leck mich am Arsch!*
Fottiti!	*Fick dich!*

Il linguaggio della malavita — Gangstersprache

andare all'altro mondo	*einen Abgang machen*
crepare	*krepieren*
schiattare	*verrecken*
tirare le cuoia	*den Löffel abgeben*
l'assassino	*der Mörder*

il borseggiatore	*der Taschendieb*
il boss	*der Mafiaboss*
la bustarella	*das Schutzgeld*
il capobanda	*der Bandenchef*
i caramba	*der Bulle*
il criminale	*der Kriminelle*
il delinquente	*der Verbrecher*
il ladruncolo	*der kleine Dieb*
il malvivente	*der Verbrecher*
il maniaco	*der Sexualtäter*
il palo	*der Schmieresteher*
il picciotto	*der Picciotto (niedrigster Rang innerhalb der Mafia)*
il piedipiatti	*der Bulle*
il pizzo	*das Schutzgeld*
la pula	*die Bullen*
il rapinatore	*der Geiselnehmer*
lo sbirro	*der Bulle*
lo scassinatore	*der Einbrecher*
lo scippatore	*der Handtaschenräuber*
lo strozzino	*der Wucherer*
il taccheggiatore	*der Ladendieb*
la tangente	*das Schutzgeld*
l'usuraio	*der Wucherer*
L'hanno beccato con le mani nel sacco.	*Sie haben ihn auf frischer Tat ertappt.*
L'hanno messo dentro.	*Sie haben ihn eingebuchtet.*
L'hanno rinchiuso in galera.	*Sie haben ihn eingesperrt.*
L'hanno fatto secco per vendicarsi.	*Sie haben ihn gekillt, um sich zu rächen.*
L'hanno mandato all'altro mondo.	*Sie haben ihn ins Jenseits befördert.*

Ambienti a luci rosse	**Rotlichtmilieu**
battere (la strada/il viale)	*auf den (Straßen-) Strich gehen*
fare il mestiere più vecchio del mondo	*dem ältesten Gewerbe der Welt nachgehen*
fare la vita	*anschaffen gehen*
la bagascia	*die Nutte*
la baldracca	*die Hure*
la battona	*die Bordsteinschwalbe*
il bordello	*das Bordell*
la casa chiusa	*das Freudenhaus*
il casino	*das Freudenhaus*
il magnaccia	*der Lude*
la meretrice	*die Hure*
la mignotta	*die Schlampe*
il pappa	*der Zuhälter*
la passeggiatrice	*das Strichmädchen*
la prostituta	*die Prostituierte*
il protettore	*der Zuhälter*
la puttana	*die Nutte*
la (ragazza) squillo	*das Callgirl*
il travestito	*der Transvestit*
la troia	*die Hure*
la zoccola	*die Dirne*

Guten Appetit!

Der Riesen-hunger!

la fame
['fa:me] **der Hunger**
Mama, ho fame da lupo! •• *Mama, ich habe einen Mords-hunger.*

affamato
[affa'ma:to] **affamata**
hungrig
Ieri Anna è dovuta andare a letto affamata. •• *Anna musste gestern hungrig ins Bett gehen.*

la sete
['se:te] **der Durst**
Con questo caldo mi viene una gran sete. •• *Von dieser Hitze bekomme ich großen Durst.*

assetato
[asse'ta:to] **assetata**
durstig
Mi dai da bere? Mi sento così assetato. •• *Gibst du mir etwas zu trinken? Ich bin so durstig.*

la colazione
[kolat'tsio:ne] **das Frühstück**
Di solito a colazione bevo il caffè. •• *Zum Frühstück trinke ich normalerweise Kaffee.*

il pranzo
['prandzo] **das Mittagessen**
Hai preparato un pranzo squisito. •• *Du hast ein vorzügliches Mittagessen zubereitet.*

la cena
['tʃe:na] **das Abendessen**
La cena è pronta. •• *Das Abendessen ist fertig.*

È quasi pronto? Sto morendo di fame! ugs **Gibt's bald Essen? Ich sterbe vor Hunger!** ugs

preparare
[prepa'ra:re] **vorbereiten, zubereiten**
Vi ho preparato una bella pizza margherita! •• *Ich habe euch eine leckere Pizza Margherita gemacht!*

cucinare
[kutʃi'na:re] **kochen**
Per cucinare bene ho biso-gno di una cucina grande. ••

Um richtig kochen zu können, brauche ich eine große Küche.

cotto
['kɔtto] **cotta** **gebraten**
Preferisce la carne ben cotta o al sangue? ↔ *Möchten Sie das Fleisch lieber durchgebraten oder blutig?*

cuocere al forno, fare
['kuɔ:tʃereal'forno, 'fa:re]
backen
Mia madre ha fatto una torta al cioccolato. ↔ *Meine Mutter hat einen Schokoladenkuchen gebacken.*

bruciare
[bru'tʃa:re] **verbrennen**
Tieni sempre la fiamma bassa per non far bruciare il sugo! ↔ *Lass die Soße auf kleinster Flamme kochen, damit sie nicht anbrennt!*

salute
[salu'ta:re] **die Gesundheit**
Mangiare frutta e verdura fa bene alla salute. ↔ *Obst und Gemüse essen ist gesund.*

grasso
['grasso] **grassa** **dick**
È troppo grasso per la sua età. ↔ *Er ist zu dick für sein Alter.*

unto
['unto] **unta** **fett**
Le patatine fritte erano troppo unte. ↔ *Die Pommes frites waren zu fett.*

Devo mettermi a dieta, sto diventando una palla di lardo. ugs **Ich muss abnehmen, ich werde langsam zum Fettkloß.** ugs

in fretta
[in'fretta] **schnell**
Perché mangiando in fretta si ingrassa? ↔ *Warum nimmt man zu, wenn man schnell isst?*

fatto in casa
selbst gemacht
La pasta all'uovo fatta in casa è la migliore. ↔ *Selbst gemachte Eiernudeln schmecken am besten.*

vegetariano
[vedʒeta'ria:no] **vegetariana** **vegetarisch**
C'è un'alternativa per i vegetariani? ↔ *Haben Sie eine vegetarische Alternative?*

essere allergico (a qc)
[al'lɛrdʒiko] **essere allergica** **allergisch (gegen etw)**
Purtroppo sono allergica alla fragole ↔ *Ich bin allergisch gegen Erdbeeren.*

Am Ziel

la trattoria
[tratto'ri:a] **die Gaststätte, das Restaurant**
In questa trattoria le porzioni sono enormi. •• *In diesem Restaurant sind die Portionen riesig.*

il chiosco
['kiɔsko] **der Imbiss(stand)**
In spiaggia c'è un chiosco. •• *Am Strand gibt es einen Imbissstand.*

il locale
[lo'ka:le] **das Lokal**
Il locale è vicino al centro. •• *Das Lokal befindet sich in der Nähe des Zentrums.*

Gli ho chiuso il becco. slang **Ich habe ihm das Maul gestopft.** slang

l'orario d'apertura
[o'ra:riodaper'tu:ra] **die Öffnungszeiten**
L'orario d'apertura dei negozi prevede una pausa pranzo. •• *Die Ladenöffnungszeiten sehen eine Mittagspause vor.*

il menù
[me'nu] **die Speisekarte, das Menü**
Può portarci il menù, per favore? •• *Würden Sie uns bitte die Speisekarte bringen?*

il piatto
['piatto] **das Gericht**
Al ristorante bisognerebbe sempre chiedere qual è il piatto del giorno. •• *In einem Restaurant sollte man sich immer nach dem Tagesgericht erkundigen.*

ordinare
[ordi'na:re] **bestellen**
Hanno ordinato due boccali di birra alla spina. •• *Sie haben zwei Krüge Bier vom Fass bestellt.*

l'ordinazione
[ordinat'tsio:ne] **die Bestellung**
Il cameriere porta il menu e prende le ordinazioni. •• *Der Kellner bringt die Karte und nimmt die Bestellung auf.*

il cameriere
[kame'riɛ:re] **cameriera**
der Kellner, die Kellnerin
La cameriera è molto gentile. ↔ *Die Kellnerin ist sehr höflich.*

l'antipasto
[anti'pasto] **die Vorspeise**
Prosciutto e melone è un tipico antipasto estivo. ↔ *Schinken mit Melone ist eine typische Vorspeise im Sommer.*

il primo
['pri:mo] **der erste Gang**
Come primo prendo un risotto. ↔ *Als ersten Gang nehme ich einen Risotto.*

il secondo
[se'kondo] **der zweite Gang**
Come secondo oggi c'è l'arrosto di vitello. ↔ *Als zweiten Gang haben wir heute Kalbsbraten.*

Buon appetito!
Guten Appetit!

il dessert
[de'sɛ:r] **der Nachtisch**
Che cosa avete di dessert? ↔ *Was gibt's zum Nachtisch?*

il mangiare[1]
[man'dʒa:re] **das Essen, das Mittagessen**
Volevo portare il mangiare in tavola. ↔ *Ich wollte das Mittagessen servieren.*

mangiare[2]
[man'dʒa:re] **essen**
In Italia si mangia più tardi che in Germania. ↔ *In Italien isst man später als in Deutschland.*

assaggiare
[assad'dʒa:re] **versuchen, probieren**
Assaggia la salsa. È squisita. ↔ *Probier mal die Soße. Sie ist ausgezeichnet.*

fare rumore mangiando
schmatzen
Devi proprio fare sempre tutto questo rumore mentre mangi? ↔ *Musst du beim Essen immer so schmatzen?*

sbrodolarsi
[zbrodo'la:re] **kleckern**
Non rieci a evitare di sbrodolarti? ↔ *Kannst du das Kleckern nicht mal lassen?*

sapere oli
[sa'pe:re] **schmecken**
Di che cosa sa una papaia? •• *Wonach schmeckt eine Papaya?*

Devi mangiare qualcosa, sei pelle e ossa! ugs
Du musst etwas essen, du bist ja nur noch Haut und Knochen! ugs

le stoviglie, i piatti
[sto'viʎʎe, 'piatti] **das Geschirr**
Oggi tocca a te lavare le stoviglie/i piatti. •• *Heute bist du dran mit Geschirrspülen.*

il piatto
['piatto] **der Teller**
Ha rotto un piatto. •• *Er/Sie hat einen Teller zerbrochen.*

le posate
[po'sa:te] **das Besteck**
Le posate d'argento si usano nelle grandi occasioni. •• *Silberbesteck benutzt man zu besonderen Anlässen.*

il cucchiaio
[kuk'kia:io] **der Löffel**
La minestra si mangia con il cucchiaio. •• *Suppe isst man mit dem Löffel.*

la forchetta
[for'ketta] **die Gabel**
In Italia gli spaghetti si mangiano solo con la forchetta. •• *Spaghetti isst man in Italien nur mit der Gabel.*

il coltello
[kol'tɛllo] **das Messer**
Il coltello non taglia bene. •• *Das Messer schneidet nicht gut.*

bere
['be:re] **trinken**
Ti posso offrire qualcosa da bere? •• *Kann ich dir etwas zu trinken anbieten?*

la bevenda
['bi:bita] **das Getränk**
Le bevande non sono incluse nel prezzo. •• *Die Getränke sind im Preis nicht inbegriffen.*

l'acqua
['akkua] **das Wasser**
Può portarci una bottiglia d'acqua, per favore? •• *Würden Sie uns bitte eine Flasche Wasser bringen?*

aver sete
durstig
Dopo quella lunga passeggiata avevamo tutti sete. •• *Nach dem langen Spaziergang waren wir alle durstig.*

Facciamo che andare a mangiare qualcosa dal kebabbaro. slang
Lass uns einfach was beim Dönerladen essen.

il tè
[tɛ] **der Tee**
Prendi un tè o un caffè? •› *Trinkst du Tee oder Kaffee?*

il caffè
[kafˈfɛ] **der Kaffee**
Dai, andiamo al bar a prendere un caffè. •› *Komm, lass uns in der Bar einen Espresso trinken.*

il caffè ristretto
[kafˈfɛrisˈtretto] **der starke Espresso**
Beve solo caffè ristretto. •› *Er trinkt nur starken Espresso.*

il caffè corretto
[kafˈfɛkorˈrɛtto] **der Kaffee mit Schuss**
Ha ordinato un caffè corretto con grappa. •› *Er/Sie hat sich einen Kaffee mit Schuss bestellt.*

il vino
[ˈviːno] **der Wein**
In tavola c'è la caraffa del vino e quella dell'acqua. •› *Auf dem Tisch steht die Karaffe für den Wein und das Wasser.*

l'ammazzacaffè
[ammattsakafˈfɛ] **der Verdauungsschnaps**
A fine pranzo dopo l'espresso si prende l'ammazzacaffè. •› *Nach dem Mittagessen trinkt man einen Espresso und hinterher einen Verdauungsschnaps.*

la birra
[ˈbirra] **das Bier**
Alla fiera servono birra alla spina. •› *Auf dem Jahrmarkt gibt es Bier vom Fass.*

Eine Einladung auf einen *caffè* bedeutet in Italien, dass man zusammen am Tresen einer Bar einen Espresso trinkt, ohne sich jedoch hinzusetzen. Während der Mittagszeit, zwischen 13 und 14 Uhr, sind die Bars voller Menschen, die dort noch schnell ihren „kleinen Schwarzen" trinken, um dann zurück zur Arbeit zu gehen.

il conto
['konto] **die Rechnung**
Ci porta il conto, per favore? ↔ *Bringen Sie uns bitte die Rechnung?*

pagare in contanti
(bar) bezahlen
Paga in contanti o con la carta di credito? ↔ *Zahlen Sie bar oder mit Kreditkarte?*

Die Folgen

sazio
['sattsio] **sazia satt**
Non ce la faccio più a mangiare. Sono sazio. ↔ *Ich kann nichts mehr essen. Ich bin satt.*

il pisolino pomeridiano
der Mittagsschlaf, die Siesta
Dopo pranzo Anna fa sempre volentieri un pisolino. ↔ *Nach dem Essen macht Anna immer gerne ein Mittagsschläfchen.*

Gli uomini si prendono per la gola. Liebe geht durch den Magen.

pallido
['pallido] **pallida blass**
Non ti senti bene? Sei molto pallido/a. ↔ *Ist dir übel? Du siehst so bleich aus.*

lo stomaco
['stɔ:mako] **der Magen**
Il pranzo era un po' pesante. Mi è rimasto sullo stomaco. ↔ *Das Mittagessen war ein bisschen schwer. Es liegt mir im Magen.*

vomitare
[vomi'ta:re] **sich übergeben**
Anna ha vomitato diverse volte. ↔ *Anna musste sich ständig übergeben.*

Dopo la mangiata di ieri sera ho ancora mal di pancia. Ich habe immer noch Bauchweh von der Fresserei gestern Abend. ugs

il dolore
[do'lo:re] **der Schmerz**
I dolori erano insopportabili. •› *Die Schmerzen waren unerträglich.*

in sovrappeso
[insovrap'pɛso] **übergewichtig**
Molti bambini sono in sovrappeso. •› *Viele Kinder sind übergewichtig.*

anoressico
[ano'ressiko] **anoressica**
magersüchtig
Secondo me quella ragazza è anoressica. •› *Meiner Meinung nach ist das Mädchen magersüchtig.*

Das Wichtigste in Kürze

Chiedere di un ristorante	Nach einem Restaurant fragen
Può consigliarmi un buon ristorante/un ristorante non troppo caro?	*Können Sie mir ein gutes/preiswertes Restaurant empfehlen?*
C'è un ristorante di pesce qui vicino?	*Gibt es hier in der Nähe ein Fischrestaurant?*
Cerco uno snack bar/una pizzeria.	*Ich suche einen Schnellimbiss/eine Pizzeria.*
Dove si può mangiare bene/a buon prezzo qui?	*Wo kann man hier gut/günstig essen?*

Prenotare un tavolo	Einen Tisch reservieren
Vorrei prenotare un tavolo per due persone.	*Ich würde gerne einen Tisch für zwei Personen reservieren.*
Sì, mi dica/va bene. A/Per che ora? – Alle/Per le 20. – A che nome? – (A nome) Molinari.	*Sehr gern. Für wie viel Uhr? – Für 20 Uhr. – Auf welchen Namen? – (Auf den Namen) Müller.*
Avete un tavolo per quattro persone? Mi dispiace, è tutto pieno/esaurito.	*Haben sie einen Tisch für vier Personen? Eu tut mir leid, wir sind voll belegt.*
Avete prenotato?	*Haben Sie reserviert?*

Ordinare	Bestellen
Mi/Ci può portare il menu, per favore? Certamente/Subito (Signora/Signore).	*Bringen Sie mir/uns bitte die (Speise)karte. Sehr wohl/Sofort (meine Dame/mein Herr).*
Che cosa mi/ci consiglia?	*Was können Sie mir/uns empfehlen?*
Mi dispiace, le cotolette sono finite.	*Ich bedaure, Koteletts haben wir leider nicht mehr.*
Avete già deciso/scelto? – No, ancora un attimo, per favore.	*Haben Sie schon gewählt? – Nein, einen Moment noch, bitte.*
Posso intanto portarvi da bere?	*Darf ich Ihnen schon mal die Getränke bringen?*
Da bere, che cosa desiderate?	*Was möchten Sie trinken?*
Io prendo una birra piccola/grande.	*Ich nehme/bekomme ein kleines/großes Bier.*
Ci porti un litro di vino sfuso della casa e due bottiglie di acqua minerale, per favore.	*Bringen Sie uns einen Liter offenen Landwein und zwei Flaschen Mineralwasser.*
Vorremmo ordinare!/Possiamo ordinare?	*Wir würden gerne bestellen!*
Un momento, arriva subito il mio collega.	*Augenblick, mein Kollege kommt gleich.*
Scusi?!	*Entschuldigen Sie!/Herr Ober!*
Per me la pasta e fagioli, la scaloppina, un'insalata mista ed una piccola minerale.	*Ich nehme die Pasta mit Bohnen, das Kalbsschnitzel, einen gemischten Salat und ein kleines Mineralwasser.*
Come antipasto prendo prosciutto e melone.	*Als Vorspeise nehme ich Schinken und Melone.*
La bistecca come la vuole? Ben cotta/Media/Al sangue.	*Wie möchten Sie Ihr Steak haben? Gut durch/Halb durch/Englisch.*

Potrei avere ancora un po' di pane, per favore?	*Könnte ich bitte noch ein bisschen Brot bekommen?*
Ci può portare di nuovo la lista dei vini/il menu, per favore?	*Bringen Sie uns bitte noch einmal die Weinkarte/Speisekarte.*
Io non prendo il dessert, grazie.	*Ich möchte kein Dessert, danke.*

Pagare — Rund ums Bezahlen

Pagare	Rund ums Bezahlen
Il conto, per favore.	*Die Rechnung, bitte.*
Vorrei il conto, per favore.	*Ich würde gerne zahlen.*
Era buono?	*War's recht?*
Ottimo/Squisito, grazie.	*Danke, sehr gut/köstlich.*
Desiderate il caffè?	*Möchten Sie noch einen Kaffee?*
No, grazie. Vorremmo il conto.	*Nein, wir würden gerne zahlen.*
Era tutto veramente molto buono.	*Das Essen war wirklich ausgezeichnet.*
Va bene così/Tenga il resto.	*(Das) stimmt so.*
Faccia/Tenga 45.	*Machen Sie 45, das stimmt so.*

Reclamare — Sich beschweren

Reclamare	Sich beschweren
Ci serve ancora una forchetta.	*Wir brauchen noch eine Gabel.*
È mezz'ora che aspetto, ha dimenticato la mia cotoletta?	*Ich warte schon eine halbe Stunde, haben sie mein Kotelett vergessen?*
Scusi, ma questo non l'ho ordinato.	*Entschuldigung, das habe ich nicht bestellt.*
La minestra/la pasta/la carne è fredda/non è abbastanza calda/è troppo salata.	*Die Suppe/Die Pasta/Das Fleisch ist kalt/nicht richtig warm/versalzen.*
La pizza è bruciata.	*Die Pizza ist angebrannt.*

La carne è dura/troppo grassa.	*Das Fleisch ist zäh/zu fett.*
Il pesce non è fresco.	*Der Fisch ist nicht frisch.*
Il vino sa di tappo.	*Der Wein korkt/schmeckt korkig.*
La birra non è abbastanza fredda.	*Das Bier ist nicht richtig kalt.*
Lo riporti indietro, per favore.	*Nehmen Sie es bitte zurück.*
Chiami il responsabile, per favore.	*Holen Sie bitte den Chef.*
Nel conto ci dev'essere un errore.	*Die Rechnung stimmt nicht.*

Fare la spesa — **Beim Einkaufen**

Vorrei un filoncino.	*Ich hätte gerne ein kleines Baguette.*
Vorrei mezzo chilo di pomodori, per favore.	*Geben Sie mir bitte ein halbes Kilo Tomaten.*
Quanto costa il prosciutto crudo?	*Was kostet der rohe Schinken?*
Dove trovo il sale?	*Wo finde ich Salz?*
Avete l'anguilla affumicata?	*Haben Sie Räucheraal?*
Le patate sono nostrane?	*Sind die Kartoffeln aus der Region?*
Qualcos'altro?	*Darfs sonst noch etwas sein?*
Sì, tre kiwi. No, basta così, grazie.	*Ja, drei Kiwis.* *Nein, das wärs/das ist alles.*
Le serve una borsa? Sì, magari/No, grazie, va bene così.	*Brauchen Sie eine Tüte?* *Ja, gerne./Danke nein, das geht so.*

Locali di ristorazione — **Einkehrmöglichkeiten**

l'agriturismo	*Ferien auf dem Bauernhof*
il bar	*das (Straßen)café*

la birreria	*die Bierkneipe*
il buffet	*das Büfett*
il caffè	*das Café*
il chiosco	*der Kiosk*
il cocktail bar	*die Cocktailbar*
la creperia	*die Creperie*
l'enoteca	*die Weinhandlung, -stube*
la gelateria	*die Eisdiele*
l'osteria	*die Schenke*
la paninoteca	*das Stehcafé mit belegten Brötchen*
la pasticceria	*die Konditorei*
la pizzeria	*die Pizzeria*
il pub	*die Kneipe*
il ristorante	*das Restaurant*
la rosticceria	*die Bratküche*
la spaghetteria	*das Spaghettilokal*
la trattoria	*die Gastwirtschaft*

Schule
und
Beruf

Die Schule

imparare
[impa'ra:re] **lernen**
Ci sono diversi metodi per imparare una lingua. → *Es gibt verschiedene Methoden, eine Sprache zu lernen.*

l'allievo, lo studente
[al'liɛ:vo] **allieva, studentessa der Schüler, die Schülerin**
È uno studente intelligente. → *Er ist ein intelligenter Schüler.*

la scuola
['skuɔ:la] **die Schule**
Va ancora a scuola. → *Er/Sie geht noch zur Schule.*

la lezione
[let'tsio:ne] **die Unterrichtsstunde**
Da lunedì non c'è più lezione. → *Ab Montag findet kein Unterricht mehr statt.*

la materia (scolastica)
[ma'tɛ:ria] **das (Schul)fach**
La geografia è la mia materia preferita. → *Geografie ist mein Lieblingsfach.*

il voto
['nɔ:ta] **die Note**
Nonostante studiassi molto, prendevo sempre brutti voti. → *Obwohl ich viel gelernt habe, habe ich immer schlechte Noten bekommen.*

È finita la pacchia, si torna a scuola! ugs **Schluss mit dem süßen Nichtstun jetzt geht die Schule wieder los!**

spiegare
[spie'ga:re] **erklären**
Questo spiega tutto! → *Das erklärt alles!*

capire
[ka'pi:re] **verstehen**
Io con la matematica non ci capisco niente! → *Ich versteh' echt gar nichts in Mathe!* ugs

sbagliato
[zbaʎ'ʎa:to] **sbagliata falsch**
La risposta è sbagliata. → *Die Antwort ist falsch.*

esatto
[e'zatto] **esatta** **richtig**
La risposta è esatta. ↔ *Die Antwort ist richtig.*

il compito (a/per casa)
['kompito] **die Hausaufgabe**
Theo per domani non ha compiti (a/per casa). ↔ *Theo hat für morgen keine Hausaufgaben auf.*

scrivere
['skri:vere] **schreiben**
Le ho scritto una lettera. ↔ *Ich habe ihr einen Brief geschrieben.*

copiare
[ko'pia:re] **abschreiben**
Frederik non fa mai i compiti, li copia sempre dagli altri. ↔ *Frederik macht nie Hausaufgaben, er schreibt immer nur von anderen ab.*

l'esame
[e'za:me] **die Prüfung**
Vincent ha paura di essere bocciato all'esame. ↔ *Vincent hat Angst, durch die Prüfung zu fallen.*

copiare *ugs*
[imbroʎ'ʎa:re] **mogeln, schummeln** *ugs*
Tanto per cominciare cerca di non copiare durante l'esame! ↔ *Versuch erst gar nicht, in der Prüfung zu schummeln!*

passare, conseguire
[pas'sa:re] **bestehen**
Mia sorella ha conseguito la maturità. ↔ *Meine Schwester hat das Abitur bestanden.*

essere bocciato
essere bocciata
scheitern, durchfallen
Anne è stata bocciata alla maturità. ↔ *Anne ist durchs Abitur gefallen.*

ripetere
[ri'pɛ:tere] **wiederholen**
Nostro figlio deve ripetere l'anno scolastico. ↔ *Unser Sohn muss das Schuljahr wiederholen.*

studiare
[stu'dia:re] **studieren**
Studio all'università di Bologna. ↔ *Er/Sie studiert an der Universität Bologna.*

lo studente
[stu'dɛnte] **studentessa**
der Student, die Studentin
Ho una stanza alla casa dello studente. ➜ *Ich habe ein Zimmer im Studentenwohnheim.*

lo studio
['stu:dio] **das Studium**
Fa babysitter per mantenersi agli studi/all'università. ➜ *Sie arbeitet als Babysitterin, um sich das Studium zu finanzieren.*

l'università
[universi'ta] **die Uni(versität)**
Mia madre insegna fisica all'università. ➜ *Meine Mutter lehrt Physik an der Universität.*

lo stage, il tirocinio
[sta:ʒtiroil'tʃi:nio] **das Praktikum**
Alla fine dello stage deve scrivere una relazione. ➜ *Am Ende des Praktikums muss sie einen Bericht schreiben.*

Anders als in Deutschland berechtigt in Italien jeder der höheren Schulabschlüsse zur Aufnahme an der Universität. Die Schulpflicht endet in Italien mit dem 16. Lebensjahr.

l'insegnante
[insep'ɲante] **der Lehrer, die Lehrerin**
Il mio insegnante di matematica è severo. ➜ *Mein Mathematiklehrer ist streng.*

il corso di formazione, l' addestramento
[-addestra'mento] **die Ausbildung**
Julia ha iniziato il corso di formazione. ➜ *Julia hat ihre Ausbildung angefangen.*

cercare
[tʃer'ka:re] **suchen**
Gli studenti che cercano un lavoro part-time devono rivolgersi alla bibliotecaria. ➜ *Studenten, die einen Teilzeitjob suchen, sollten sich an die Bibliothekarin wenden.*

trovare
[tro'va:re] **finden**
Trovare un lavoro è difficile. ➜ *Es ist schwer, eine Arbeit zu finden.*

presentare la candidatura
sich bewerben
Geraldine ha presentato la sua candidatura alla concorrenza. ➜ *Geraldine hat sich bei der Konkurrenz beworben.*

Die Arbeit

la domanda di lavoro, candidatura
die Bewerbung
Tim ha già mandato molte domande di lavoro. → *Tim hat schon viele Bewerbungen geschrieben.*

la ditta
['ditta] **die Firma**
Di chi è la ditta? → *Wem gehört die Firma?*

il lavoro, mestiere
[la'vor:ro, mes'tiɛ:re] **der Beruf**
Fa un lavoro molto interessante. → *Er/Sie hat einen sehr interessanten Beruf.*

cominciare
[komin'tʃa:re] **anfangen**
Il mese prossimo comincio a lavorare. → *Nächsten Monat fange ich an zu arbeiten.*

lavorare
[lavo'ra:re] **arbeiten**
Ieri non sono andato a lavorare. Stavo male. → *Gestern bin ich nicht arbeiten gegangen. Ich war krank.*

il lavoro
[la'vo:ro] **die Arbeit**
Il capo si è lamentato della qualità del mio lavoro. → *Der Chef hat die Qualität meiner Arbeit bemängelt.*

stressato
[stres'sante] **stressata**
gestresst
È stressata, deve sempre fare tutto in fretta. → *Sie ist gestresst, dauernd muss sie sich abhetzen.*

Questa settimana ho lavorato un casino. ugs Diese Woche habe ich total viel gearbeitet. ugs

duro
['du:ro] **dura** **hart, schwer**
È dura trovare un lavoro. → *Es ist schwer, eine Arbeit zu finden.*

la condizione
[kondit'tsio:ne] **die Bedingung**
Le condizioni di lavoro in una fabbrica sono piuttosto dure. ↔ *Die Arbeitsbedingungen in einer Fabrik sind ziemlich hart.*

il capo
['ka:po] **der Chef, die Chefin**
Il capo ha avuto compassione e non l'ha licenziata. ↔ *Der Chef hatte Mitleid mit ihr und kündigte ihr nicht.*

Se il capo lo scopre gli fa un mazzo così. slang **Wenn der Chef das rausfindet, macht er ihn zur Sau.** slang

il collega
[kol'lɛ:ga] **der Kollege, die Kollegin**
In ufficio abbiamo un nuovo collega. ↔ *Im Büro haben wir einen neuen Kollegen.*

conoscere
[ko'noʃʃere] **kennenlernen**
È stata l'occasione giusta per conoscere tutti i nuovi colleghi. ↔ *Das war die passende Gelegenheit, um alle neuen Kollegen kennenzulernen.*

Mi hanno appioppato un lavoro spaventoso. ugs **Sie haben mir eine furchtbare Aufgabe aufgebrummt.** ugs

faticoso [fati'ko:so] **faticosa**
anstrengend
È stata una settimana molto faticosa/pesante. ↔ *Es war eine sehr anstrengende Woche.*

a tempo pieno, full-time
Vollzeit
Cristina lavora a tempo pieno alla catena di montaggio in fabbrica. ↔ *Cristina arbeitet Vollzeit am Fließband in einer Fabrik.*

l'aiutante
[aiu'tante] **die Aushilfskraft**
Anne fa l'aiutante in un ristorante per la stagione estiva. ↔ *Anne arbeitet im Sommer als Aushilfskraft in einem Restaurant.*

il salario
[sa'la:rio] **das Gehalt, der Lohn**
Ricevo il salario a fine mese. ↔ *Ich bekomme meinen Lohn am Ende des Monats.*

contento, soddisfatto
[kon'tɛnto] **contenta, soddisfatta zufrieden**
Se fai le cose a caso, non sarai mai soddisfatto/a del risultato. ↔ *Wenn du alles so schludrig machst, wirst du nie mit dem Ergebnis zufrieden sein.*

scontento
[skon'tɛnto] **scontenta unzufrieden**
Qualunque cosa accada, sei sempre scontento/a. ↔ *Egal was passiert, du bist immer unzufrieden.*

licenziare
[litʃen'tsia:re] **kündigen, entlassen**
L'azienda ha lasciato a casa altri mille operai. ↔ *Die Firma hat weitere tausend Arbeiter entlassen.*

le vacanze
[va'kantse] **die Ferien, der Urlaub**
La ditta rimarrà chiusa per le vacanze estive dal 5 al 29 agosto. ↔ *Die Firma bleibt im Sommer vom 5. bis 29. August geschlossen.*

la pensione
[pen'sio:ne] **die Rente, die Pension**
Non lavora più, è in pensione. ↔ *Sie arbeitet nicht mehr, sie ist in Rente.*

Alles, was Spaß macht

Freizeit

l'hobby
['hɔbi] **das Hobby**
Qual è il tuo hobby preferito? ➜ *Was ist dein Lieblingshobby?*

la passione
[pas'sio:ne] **die Leidenschaft**
La sua passione è fare foto. ➜ *Seine Leidenschaft ist das Fotografieren.*

il tempo libero
[tɛmpo'li:bero] **die Freizeit**
Cosa fai nel tempo libero? ➜ *Was machst du in deiner Freizeit?*

il divertimento
[diverti'mento] **der Spaß**
Buon divertimento! ➜ *Viel Spaß!*

ridere
['ri:dere] **lachen**
Ridere fa bene alla salute. ➜ *Lachen ist gesund.*

interessarsi (di qc)
[interes'sa:rsi] **interessiert (an etw)**
Ti interessi di politica? ➜ *Interessierst du dich für Politik?*

fare molto volentieri qualcosa
etwas sehr gern(e) machen
Esco molto volentieri con loro. ➜ *Ich gehe sehr gern mit ihnen aus.*

interessante
[interes'sante] **interessant**
La discussione è stata molto interessante. ➜ *Die Diskussion war sehr interessant.*

rilassarsi
[rilas'sa:rsi] **(sich) entspannen**
Faccio un bagno caldo per rilassarmi. ➜ *Ich nehme ein heißes Bad um mich zu entspannen.*

Fare sesso aiuta a rilassarsi.
Sex entspannt.

il benessere, il wellness
[be'nɛssere] **die Wellness**
Durante il weekend

mi dedico volentieri al wellness. ↔ *Am Wochenende mache ich gerne Wellness.*

il televisore
[televi'zo:re] **der Fernseher**
Stava seduta davanti all televisiore. ↔ *Sie saß vor dem Fernseher.*

Non fare il pantofolaio, spegni la tele. ugs **Sei nicht so 'ne Couchpotato – mach die Kiste aus!** slang

cazzeggiare *vulg*
[kattsed'dʒa:re] **faulenzen, Zeit vertrödeln** *ugs*
Tanta gente perde intere giornate cazzeggiando su internet. *vulg* ↔ *Viele Menschen vergeuden ganze Tage im Internet. ugs*

il cazzeggio *vulg*
[kat'tsedddʒo] **das Gammeln** *ugs*
Sto cazzeggiando da quasi otto ore su internet. *vulg* ↔ *Ich hänge jetzt schon seit fast acht Stunden im Internet 'rum. ugs*

staccare, rilassarsi, sciallarsi *ugs*
abhängen, chillen *slang*
Ci siamo completamente sciallati. *slang* ↔ *Wir haben voll abgehangen. slang*

Hobby

il parco dei divertimenti
der Erlebnispark
Euro Disney è l'unico parco dei divertimenti in cui sia stato/a. ↔ *Euro Disney ist der einzige Erlebnispark, in dem ich bisher war.*

fare shopping
['fa:re'ʃɔpiŋ] **shoppen (gehen)** *ugs*
Christine va a fare shopping con la sua amica. *ugs* ↔ *Christine geht mit ihrer Freundin shoppen. ugs*

cantare
[kan'ta:re] **singen**
Sta cantando una canzone. ↔ *Er/Sie singt gerade ein Lied.*

ballare
[bal'la:re] **tanzen**
Metti un pezzo romantico, in modo che possa ballare con quella ragazza (lì). ↔ *Leg irgendeine Kuschelmusik auf, damit ich mit dem Mädchen dort tanzen kann.*

il bricolage
[briko'laʒ] **das Basteln**
Collaborano a un laboratorio di bricolage. ↔ *Sie beteiligen sich an einer Bastelwerkstatt.*

navigare
[navi'ga:re] **im Internet surfen**
Ho passato la serata navigando su internet. ↔ *Ich habe den ganzen Abend im Internet gesurft.*

leggere
['lɛddʒere] **lesen**
Si sedette sul divano a leggere. ↔ *Er/Sie setzte sich aufs Sofa, um zu lesen.*

pesca
[pes'ka] **das Angeln**
Sabato a pesca ho preso due pesci. ↔ *Am Samstag habe ich beim Angeln zwei Fische gefangen.*

nuotare
[nuo'ta:re] **schwimmen**
Mi piace nuotare in mare. ↔ *Ich schwimme gern im Meer.*

lo sport
[spɔrt] **der Sport**
Faccio spesso sport. ↔ *Ich mache oft Sport.*

sportivo
[spor'ti:vo] **sportiva**
sportlich
È una donna sportiva. ↔ *Sie ist eine sportliche Frau.*

I nuotatori hanno un fisico atletico
Schwimmer haben athletische Körper.

la bicicletta
[bitʃi'kletta] **das Fahrrad**
Sai andare in bicicletta? ↔ *Kannst du Fahrrad fahren?*

la gara
['ga:ra] **der Wettkampf**
Partecipo alla gara di nuoto. ↔ *Ich nehme an dem Schwimmwettkampf teil.*

perdere
['pɛrdere] **verlieren**
Non per fare il gufo, ma mi sa che domani perdiamo. *ugs* ↔ *Ich möchte ja jetzt nicht unken, aber ich glaube, wir verlieren morgen. ugs*

vincere
['vintʃere] **gewinnen**
Anna ha vinto il primo premio al concorso. •› *Anna hat bei dem Wettbewerb den ersten Preis gewonnen.*

allenarsi
[alle'na:re] **üben, trainieren**
Si allenano regolarmente. •› *Sie trainieren regelmäßig.*

la circolo sportivo
['tʃirkolospor'ti:vo] **club der Sportverein**
Fanno parte di un circolo sportivo. •› *Sie sind Mitglieder in einem Sportverein.*

la squadra
['skua:dra] **die Mannschaft, das Team**
Hanno una bella squadra di basket. •› *Sie haben eine gute Basketballmannschaft.*

giocare
[dʒo'ka:re] **spielen**
Non ho mai giocato a calcio. •› *Ich habe nie Fußball gespielt.*

il calcio
['kaltʃo] **der Fußball**
Il solito dilemma: lui vuole guardarsi la partita di calcio e lei un film d'amore. •› *Das übliche Dilemma: Er möchte sich das Fußballspiel anschauen und sie einen Liebesfilm.*

la musica
['mu:zika] **die Musik**
Fa musica con le bottiglie vuote. •› *Er/Sie macht Musik mit leeren Flaschen.*

la musica pop
['mu:zikapɔp] **die Popmusik**
Mia figlia ascolta continuamente la musica pop. •› *Meine Tochter hört die ganze Zeit Popmusik.*

la musica rock
['mu:zikarɔk] **die Rockmusik**
Ti piace la musica rock? •› *Magst du Rockmusik?*

la musica classica
['mu:zika'klassika] **die klassische Musik**
Gli piace ascoltare la musica classica. •› *Er hört gern klassische Musik.*

il soul, la musica soul
der Soul
Conosci una buona radio che trasmetta musica soul? ↔ *Kennst du einen guten Radiosender, der Soul spielt?*

il jazz
[dʒæz, dʒɛts] **der Jazz**
Certa gente non può sopportare il jazz. ↔ *Manche Leute können Jazz einfach nicht ausstehen.*

la canzone
[kan'tso:ne] **das Lied**
Non riesco più a togliermi dalla mente quella canzone. ↔ *Dieses Lied geht mir die ganze Zeit durch den Kopf.*

cantare
[kann'ta:re] **singen**
La più bella canzone d'amore che conosco la canta Raf. ↔ *Das schönste Liebeslied, das ich kenne, singt Raf.*

lo strumento
[stru'mento] **das Instrument**
Suona uno strumento musicale. ↔ *Er/Sie spielt ein Musikinstrument.*

la chitarra
[ki'tarra] **die Gitarre**
Puoi appoggiare la chitarra all'armadio. ↔ *Du kannst die Gitarre an den Schrank anlehnen.*

il pianoforte
[piano'fɔrte] **das Klavier**
A che età hai cominciato a suonare il pianoforte? ↔ *Mit welchem Alter hast du angefangen, Klavier zu spielen?*

la tromba
['tromba] **die Trompete**
Per suonare bene la tromba bisogna esercitarsi molto. ↔ *Um gut Trompete spielen zu können, muss man sehr viel üben.*

il violino
[vio'li:no] **die Geige**
Il violino è il primo strumento che ho imparato a suonare. ↔ *Das erste Instrument, das ich gelernt habe, war Geige.*

Lascialo perdere, è un'emerita testa di cazzo. vulg Lass ihn doch, der ist 'ne echte Arschgeige. vulg

il tamburo
[tam'bu:ro] **die Trommel**
Si sentivano i tamburi attraverso il muro. ↔ *Man konnte*

die Basstrommel durch die Wand hören.

l'orchestra

[or'kɛstra] **das Orchester**
Suona in una grande orchestra. ↔ *Er/Sie spielt in einem großen Orchester.*

il coro

['kɔ:ro] **der Chor**
Giulia canta in un famoso coro. ↔ *Julia singt in einem berühmten Chor.*

il concerto

[kon'tʃɛrto] **das Konzert**
L'altra sera al concerto mi sono divertito un botto/mi sono proprio divertito. *ugs*
↔ *Ich habe mich auf dem Konzert gestern Abend sehr amüsiert.*

la band, il gruppo

[bænd] **die (Musik)gruppe, die Band**
Come si chiama il tuo gruppo preferito? ↔ *Wie heißt deine Lieblingsband?*

fischiare

[fis'kia:re] **pfeifen**
Dopo il concerto heavy metal gli fischiavano le orecchie. ↔ *Nach dem Heavy-Metal-Konzert hatte er Ohrenpfeifen.*

il cantante

[kan'tante] **der Sänger, die Sängerin**
Conosci il cantante Eros? ↔ *Kennst du den Sänger Eros?*

festeggiare

[fested'dʒa:re] **feiern**
Hanno festeggiato con gli amici. ↔ *Sie haben mit Freunden gefeiert.*

la festa

['fɛsta] **die Fete** *ugs*
Patrick mercoledì fa una festa. ↔ *Patrick macht am Mittwoch eine Fete.* *ugs*

Das Spielen eines Instrumentes ist in Italien nicht sehr verbreitet. Während der dreijährigen Schulausbildung in der Sekundarstufe 1 haben die Schüler Flöten- oder Pianola-Unterricht. Eine weitergehende musikalische Ausbildung hängt dann von den jeweiligen Wünschen des Schülers ab.

Das Wichtigste in Kürze

Chat e SMS		Chat und SMS	
+o-	più o meno	+o-	*mehr oder weniger*
1baci8	un baciotto	GDB	*ganz dickes Bussi*
3no	treno		*Zug*
c	ci	u	*uns (you)*
c6?	ci sei?	o.k.	*Hast du verstanden? (okay)*
cel	cellulare	Tele	*Handy*
cmq	comunque		*wie auch immer*
d	di	by	*von (by)*
dx	destra		*rechts*
ke	che		*dass*
ki	chi		*wer*
msg	messaggio		*Nachricht*
nn	non	net	*nicht*
pls	please	plz	*bitte (please)*
qlc	qualcuno	jmd	*jemand*
qls	qualcosa	etw	*etwas*
risp	rispondi	mb	*antworte (mail back)*
sx	sinistra		*links*
t	ti	u	*dich (you)*
TAT	ti amo tanto	ildss	*Ich liebe dich so sehr*
tel	telefono	Tel	*Telefon*
TVB	ti voglio bene	HDL	*Ich hab dich lieb*
TVTTB	ti voglio tantissimo bene	HDGAL	*Ich hab dich ganz arg lieb*

TVUCDB	ti voglio un casino di bene	HDGAL	*Ich hab dich ganz arg lieb*
x	per	4	*für (for)*
xdono	perdono	sry	*Entschuldigung (sorry)*
xfetto	perfetto		*perfekt*
xké?	perché?		*warum?*
xò	però	aba	*aber*
xsone	persone		*Leute*
xxx	tanti baci	xxx	*Bussi Bussi Bussi*

Sport	**Sportarten**
andare a cavallo	*das Reiten*
andare in bicicletta	*das Radfahren*
l'atletica leggera	*die Leichtathletik*
il basket	*der Basketball*
il bodybuilding	*das Bodybuilding*
la boxe	*das Boxen*
il calcio	*der Fußball*
il canottaggio	*das Rudern*
fare arrampicate	*das Klettern*
fare camminate	*das Wandern*
fare equitazione	*das Reiten*
fare immersioni	*das Tauchen*
fare roccia	*das Klettern*
il footing	*das Jogging*
la ginnastica	*die Gymnastik*
il jogging	*das Jogging*
il judo	*das Judo*
il karate	*das Karate*

la lotta	*das Ringen*
il nordic walking	*das Nordic Walking*
il nuoto	*das Schwimmen*
la palla a mano	*der Handball*
la pallacanestro	*der Basketball*
la pallavolo	*der Volleyball*
il pingpong	*das Tischtennis*
il pugilato	*das Boxen*
lo sci alpino	*der alpine Skilauf*
lo snowboard	*das Snowboarden*
il surf	*das Surfen*
il tennis	*das Tennis*
il tiro con l'arco	*das Bogenschießen*
il triathlon	*der Triathlon*
la vela	*das Segeln*
il windsurf	*das Windsurfen*

Reisen und Feiern

In der Stadt unterwegs

la città
[tʃit'ta] **die Stadt**
La città più vicina è a 10 km. ↔ *Bis zur nächsten Stadt sind es 10 Kilometer.*

il centro
['tʃɛntro] **die Stadt, das Stadtzentrum**
Scusi, come si arriva in centro? ↔ *Entschuldigen Sie, wie kommt man denn zum Stadtzentrum?*

il quartiere
[kuar'tiɛ:re] **das Stadtviertel**
Il quartiere dove abito è molto tranquillo. ↔ *Das Stadtviertel, in dem ich wohne, ist sehr ruhig.*

camminare
[kammi'na:re] **gehen, laufen**
Ho camminato tutto il giorno per la città. ↔ *Ich bin den ganzen Tag durch die Stadt gelaufen.*

andare[1]
[an'da:re] **fahren**
Vai in treno o in aereo? ↔ *Fährst du mit dem Zug oder fliegst du?*

andare[2]
[an'da:re] **gehen**
Lunedì vado in piscina. ↔ *Montags gehe ich ins Schwimmbad.*

andare a spasso
[an'da:rea'spasso] **spazieren gehen**
Mi piace tanto andare a spasso nel parco. ↔ *Ich gehe so gern im Park spazieren.*

la passeggiata
[passed'dʒa:ta] **der Spaziergang**
Ti va di fare una passeggiata? ↔ *Hast du Lust auf einen Spaziergang?*

la pianta della città
['pianta'dellatʃit'ta] **der Stadtplan**
Se vai a Roma, comprati una pianta/cartina della città. ↔ *Wenn du nach Rom fährst, kauf dir einen Stadtplan.*

la strada
['stra:da] **der Weg**
Non ti preoccupare: conosco la strada. ↔ *Keine Sorge – ich kenne den Weg.*

la via
['vi:a] **die Straße**
L'Hotel Italia si trova in Via Roma. •• *Das Hotel Italia befindet sich in der Via Roma.*

la direzione
[diret'tsio:ne] **die Richtung**
Non so in che direzione andare. •• *Ich weiß nicht, in welche Richtung ich gehen soll.*

d(i)ritto
[d(i)'ritto] **geradeaus**
Devi andare sempre dritto, fino alla piazza. •• *Du musst immer geradeaus gehen, bis du zu dem Platz kommst.*

d(i)ritto
[d(i)'ritto] **d(i)ritta** **gerade**
Disegnò una lunga linea dritta per terra. •• *Er/Sie zog eine lange gerade Linie auf dem Boden.*

arrivare
[arri'va:re] **ankommen**
Quando arriva il tuo treno? •• *Wann kommt dein Zug an?*

aprire
[a'pri:re] **öffnen**
Il museo apre alle 11. •• *Das Museum öffnet um 11:00 Uhr.*

oggi
['ɔddʒi] **heute**
Oggi non ho tempo da dedicarti. •• *Heute habe ich keine Zeit für dich.*

Taglia corto, ho fretta. Machs kurz, ich habs eilig.

ogni giorno
['oɲɲi'dʒorno] **täglich**
Laura ogni giorno a correre. •• *Laura joggt täglich.*

il biglietto
[biʎ'ʎetto] **die Eintrittskarte**
Ho due biglietti per il cinema. •• *Ich habe zwei Eintrittskarten fürs Kino.*

pagare
[pa'ga:re] **bezahlen**
Il taxi lo pago io. •• *Das Taxi zahle ich.*

il cinema
['tʃi:nema] **das Kino**
Andiamo al cinema questa sera? •• *Gehen wir heute Abend ins Kino?*

È proprio una ciofeca di film. ugs
Der Film ist totaler Mist. ugs

visitare
[vizi'ta:re] **besichtigen**
Oggi abbiamo visitato la città. ↔ *Heute haben wir die Stadt besichtigt.*

il visitatore
[vizita'to:re] **la visitatrice der Besucher, die Besucherin**
Quest'anno alla fiera c'erano meno visitatori. ↔ *Dieses Jahr waren weniger Besucher auf der Messe.*

il museo
[mu'zɛ:o] **das Museum**
Il museo chiude alle 20:00. ↔ *Das Museum schließt um 20 Uhr.*

l'uscita
[uʃ'ʃi:ta] **der Ausgang**
Dov'è l'uscita di questo edificio? ↔ *Wo ist der Ausgang aus diesem Gebäude?*

passare
[pas'sa:re] **verbringen**
Hanno passato tre giorni a Parigi. ↔ *Sie haben drei Tage in Paris verbracht.*

la piazza
['piattsa] **der Platz**
In mezzo alla piazza c'è una fontana. ↔ *In der Mitte des Platzes befindet sich ein Brunnen.*

quello
['kuello] **quella die (dort), der (dort), das (dort)**
Sei mai stato in quella chiesa? ↔ *Warst du jemals in dieser Kirche?*

qui
[kui] **hier**
La mangia qui o la porta via? ↔ *Zum Hieressen oder zum Mitnehmen?*

l'arte
['arte] **die Kunst**
L'arte moderna le interessa molto. ↔ *Sie interessiert sich sehr für moderne Kunst.*

il quadro, dipinto
['kua:dro, di'pinto] **das Bild**
Quel quadro è proprio figo! *slang vulg* ↔ *Das Bild ist voll geil! slang*

l'artista
[ar'tista] **der Künstler, die Künstlerin**
L'artista sembra un po' strano. ↔ *Der Künstler sieht etwas merkwürdig aus.*

Party people!

uscire
[uʃʃi:re] **ausgehen**
Esci con me stasera? ↔ *Gehst du heute mit mir aus?*

festeggiare
[fested'dʒa:re] **feiern**
Dai, andiamo a festeggiare questa sera! ↔ *Komm, lass uns heute Abend feiern gehen!*

avere un appuntamento, avere un tête-à-tête
ein Date haben *ugs*
Stasera ho un appuntamento un tête-à-tête con una bionda. ↔ *Heute Abend habe ich ein Date mit einer Blondine.*

il dongiovanni
[dondʒo'vanni] **der Aufreißer** *ugs*
Non voglio vantarmi, ma con le donne sono proprio un dongiovanni! ↔ *Ich will ja nicht angeben, aber was die Frauen betrifft, bin ich voll der Aufreißer!*

ciao, allora
['tʃa:o, al'lo:ra] **hi, hey** *ugs*
Ciao ragazzi! Allora, gente! *ugs* ↔ *Hi Leute!*

la discoteca
[disko'tɛ:ka] **die Disko**
Allora stasera andiamo a ballare? ↔ *Und, gehen wir heute Abend in die Disko?*

il locale, nightclub
[lo'ka:le, 'naitklʌb] **die Bar**
È il miglior locale della zona. ↔ *Das ist die beste Bar in der Gegend.*

Quel bar è pieno di sfaccendati e perditempo. In der Bar hängen nur Faulenzer rum.

il fine settimana
['fi:nesetti'ma:na] **das Wochenende**
Il fine settimana esco sempre con amici. ↔ *Am Wochenende gehe ich immer mit Freunden aus.*

ballare
[bal'la:re] **tanzen**
Passeremo la notte a ballare. •› *Wir werden die ganze Nacht durchtanzen.*

passare tutta la notte fuori
die ganze Nacht durchmachen *ugs*
Ha passato tutta la notte fuori. •› *Er hat die ganze Nacht durchgemacht.*

la sete
['se:te] **der Durst**
Con questo caldo ho una gran sete. •› *Bei dieser Hitze habe ich großen Durst.*

la bevanda, bibita
[be'vanda, 'bi:bita]
das Getränk
Bevo solamente bevande analcoliche. •› *Ich trinke nur alkoholfreie Getränke.*

la bevuta
[be'vu:ta] **die Getränke**
L'ingresso costa dieci euro, bevuta inclusa. •› *Der Eintritt kostet zehn Euro, Getränke inbegriffen.*

l'aqua
[akkua] **das Wasser**
Beve solo acqua minerale. •› *Er/Sie trinkt nur Mineralwasser.*

la birra
['birra] **das Bier**
Mi piace molto la birra. •› *Ich trinke sehr gerne Bier.*

Si sono inciucati di birra.
Sie haben sich mit Bier besoffen. ugs

il vino
[vi:no] **der Wein**
Il vino mi piace in modo particolare. •› *Dieser Wein schmeckt mir besonders gut.*

la coca[1] *salng*
['kɔ:ka] **das Koks** *slang*
Quelli là si fanno di coca. *slang* •› *Die koksen. slang*

la coca[2] *ugs*
['kɔ:ka] **die/das Cola**
Vorrei una coca senza ghiaccio, per favore. •› *Ich hätte gern eine Cola ohne Eis, bitte.*

il bicchiere
[bik'kiɛ:re] **das Glas**
Ho rotto un bicchiere. •› *Ich habe ein Glas zerschlagen.*

la bottiglia
[bot'tiʎʎa] **die Flasche**
Apriamo una bottiglia di spumante? •› *Machen wir eine Flasche Sekt auf?*

scolarsi
[sko'larsi] **leer trinken, austrinken**
Ti sei scolato mezzo litro di vino tutto d'un fiato! •› *Hast du den halben Liter Wein auf einmal ausgetrunken?*

prendersi una sbronza *ugs*
sich die Kante geben *slang*
Ieri sera ci siamo presi una bella sbronza. *ugs* •› *Gestern Abend haben wir uns voll die Kante gegeben.*

a palla *ugs*
[a'palla] **volle Kanne, volles Rohr** *slang*
Quando sono solo in casa metto sempre lo stereo a palla. *slang* •› *Wenn ich zu Hause bin, drehe ich die Musik volle Kanne auf!*

l'ubriacone *abw*
[ubria'ko:ne] **la ubriacona**
der Säufer, die Säuferin *abw*
Quell' ubriacone non fa altro che bere tutto il giorno. *abw* •› *Dieser Säufer trinkt den ganzen Tag nur.*

lo sbronzo *ugs*
['zbrontso] **sbroza** **besoffen** *ugs*
Non ti ho mai visto sbronzo. *ugs* •› *Ich habe dich noch nie besoffen gesehen.*

ubriaco fradicio *ugs*
[ubri'a:ko'fra:ditʃo] **ubriaca fradicia** **sternhagelvoll** *ugs*
Non puoi metterti al volante, sei ubriaco fradicio! •› *Du kannst nicht mehr selbst fahren, du bist ja sternhagelvoll!*

vomitare
[vomi'ta:re] **kotzen** *vulg*
Se Dio vuole è andato a vomitare fuori! •› *Gott sei Dank hat er erst draußen gekotzt.*

avere un cerchio alla testa
einen Kater haben *ugs*
Ho un cerchio alla testa da impazzire. *ugs* •› *Mein Kater bringt mich um.*

scroccare
[skrok'ka:re] **schnorren, schmarotzen**
Stefano va alle feste solo per mangiare a scrocco. •› *Stefano geht nur auf Partys, um zu schnorren.*

lo scroccone
[skrok'ko:ne] **la scroccona** **der Schnorrer, die Schnorrerin**
Lo sanno tutti che sei uno scroccone. •› *Alle wissen, dass du ein Schnorrer bist.*

fumare
[fu'ma:re] **rauchen**
Marco ha smesso da poco di fumare. •› *Marco hat vor Kurzem mit dem Rauchen aufgehört.*

il fumo
['fu:mo] **der Rauch**
Il locale era pieno di fumo. •› *Das Lokal war voller Rauch.*

la bionda *ugs*
['bionda] **die Kippe** *ugs*
Vado fuori per una bionda. *ugs* •› *Ich gehe auf 'ne Kippe nach draußen. ugs*

fumato *ugs*
[fu'ma:to] **fumata** **bekifft** *ugs*
Ho un mal di testa tremendo, sono proprio fumato. *ugs* •› *Mir brummt der Schädel, ich bin total bekifft. ugs*

la bevuta
[be'vu:ta] **das Trinkgelage**
Alla mia età non posso più darmi alle bevute. •› *In meinem Alter kann man sich nicht ständig die Kante geben. ugs*

abbioccato
[abbiok'ka:to] **abbioccata** **müde, fertig**
Mi sto abbioccando, devo proprio andare a letto! •› *Ich bin voll müde, ich muss ins Bett! ugs*

ciao
['tʃa:o] **tschüs(s)**
Ciao, ci vediamo! •› *Tschüss, wir sehen uns!*

In allen öffentlichen Lokalen Italiens gilt das Rauchverbot. Viele verfügen jedoch über einen kleinen separaten Extraraum für Raucher.

Das Wichtigste in Kürze

Divertimento	**Unterhaltung**
il balletto	*das Ballett*
il cinema	*das Kino*
la commedia	*die Komödie*
il concerto	*das Konzert*
il museo	*das Museum*
il musical	*das Musical*
l'opera	*die Oper*
l'operetta	*die Operette*
il teatro	*das Theater*
la tragedia	*die Tragödie*
il varietà	*das Varieté*

Bevande	**Getränke**
l'acqua tonica	*das Tonicwater*
l'anisetta	*der Anislikör (süßer Likör mit Anisaroma)*
la birra	*das Bier*
il caffè (espresso)	*der Espresso*
il caffè corretto	*der „korrigierte" Espresso (Espresso mit einem Schuss Grappa)*
il caffè macchiato	*der „gefleckte" Espresso (Espresso mit ein bisschen Milch)*
il caffellatte	*der Milchkaffee (heiße Milch mit etwas Espresso, zum Frühstück getrunken)*

il cappuccino	*der Cappuccino (Espresso mit aufgeschäumter Milch)*
il chinotto	*der Chinotto (alkoholfreies Getränk mit Kohlensäure aus dem Saft der gleichnamigen Frucht und anderen Aromen, dunkle Farbe, bittersüßer Geschmack)*
l' espresso	*der Espresso*
il frappè	*das Frappé*
la gazzosa	*die Gazzosa (alkoholfreies Getränk mit Kohlensäure, süß mit Zitronengeschmack)*
la granatina	*die Grenadine (zerstoßenes Eis mit Zitronen-, Orangen-, Minz– oder anderem Sirup)*
la grappa	*der Grappa*
il fernet	*der Fernet (hochprozentiger bitterer Verdauungslikör aus Kräutern)*
il fragolino	*der Fragolino (Erdbeerperlwein, vor allem im Veneto und im Friaul-Julisch Venezien)*
il latte macchiato	*der Milchkaffee (Milch mit etwas Espresso)*
il limoncello	*der Limoncello (Zitronenlikör, typisch für die Amalfi-Küste)*
il maraschino	*der Maraschino (Likör aus Maraska-Kirschen)*
il marsala	*der Marsala (alkoholreicher bernsteinfarbener Likörwein, wird in gleichnamiger Stadt und anderen Gegenden Siziliens hergestellt)*
il nocino	*der Nocino (süßer Nussschnaps; typisch für die Gegend um Modena)*
il rosolio	*der Rosolio (sehr süßer Likör mit wenig Alkohol)*

la sambuca	*der Sambuca (süßer Likör aus Holunderbeeren, typisch für das Latium und Kampanien)*
il sorbetto	*der Sorbet*
il tè	*der Tee*
il vino	*der Wein*
il vin brûlé	*der Glühwein*
il vin santo	*der Vin Santo (Dessertwein, typisch für die Toskana, wird vor allem mit Cantucci oder Keksen serviert, die man in den Wein tunkt)*

Bicchieri e tazze	**Trinkgefäße**
il bicchiere da cognac	*der Kognakschwenker*
il bicchiere da long drink	*das Longdrinkglas*
il boccale (da birra)	*der (Bier)krug*
il calice da vino	*der Weinkelch*
il calice da spumante	*der Sektkelch*
la coppa da spumante	*die Sektschale*
la coppa da champagne	*die Champagnerschale*
il flûte	*die Sektflöte*
la tazza (da tè o caffellatte)	*die (Tee-/Milchkaffee)tasse*
la tazzina (da espresso)	*die Espressotasse*

In giro per locali	**Kneipe und Party**
Andiamo fuori stasera?	*Gehen wir heute Abend aus?*
E' un casino (di tempo) che non esco!	*Ich bin schon so lange nicht mehr ausgegangen!*
Dove si va?	*Wo soll's hingehen?*
Andiamo a fare bisboccia?	*Wollen wir 'ne fette Party machen?*
Facciamo un giro in centro?	*Wollen wir eine Runde in die Stadt gehen?*

Conosco un posticino niente male.	*Ich kenne da ein schnuckeliges Plätzchen.*
Stasera voglio mettermi in tiro.	*Heute will ich auf den Putz hauen!*
Ci facciamo un cicchetto?	*Wollen wir einen heben?*
Che ne dici, un altro bicchierino?	*Sollen wir noch was trinken?*
Questo giro lo offro io!	*Diese Runde geht auf mich!*
Facciamo un brindisi!	*Lasst uns anstoßen!*
Cin cin!	*Prost!*
Alla salute!	*Zum Wohl(e)!*
Alla tua!/Alla nostra!	*Auf dich/Auf uns!*
Alla goccia!	*Ex und hopp!*
Quello là beve come una spugna.	*Der säuft wie ein Loch.*
E' un beone/un ubriacone.	*Er ist ein Trinker/Säufer.*
Ti vedo un po' brillo/alticcio/ciucco.	*Du bist wohl ein bisschen angeheitert/beschwippst/besoffen.*
Non avrai trincato un po' troppo?	*Hast du etwa ein bisschen zu tief ins Glas geschaut?*
Sei ubriaco fradicio/sbronzo perso.	*Du bist stockbesoffen/sternhagelvoll.*
Ieri sera ho alzato un po' il gomito.	*Gestern habe ich ein bisschen zu viel getrunken.*
Ieri sera mi sono sbronzato di brutto.	*Gestern habe ich mich gnadenlos besoffen.*

Fumo e droga	**Rauch und Droge**
Hai da accendere?	*Hast du mal Feuer?*
Mi dai una cicca/un cicchino?	*Hast du mir 'ne Kippe/halbe Kippe?*
Mi fai fare un tiro?	*Darf ich mal einen Zug nehmen?*
bucarsi	*fixen*
la canna	*die Tüte*
il cannone	*der Megajoint*

la coca(ina)	*das Koks*
le droghe leggere	*die leichten Drogen*
le droghe pesanti	*die harten Drogen*
essere (stra)fatto	*high sein*
essere fuori (di testa)	*zugedröhnt sein*
essere stonato/sballato	*stoned/breit sein*
farsi una pera	*sich einen Schuss setzen*
farsi una pista/striscia	*eine Linie sniffen*
impasticcarsi	*sich Pillen einwerfen*
il joint	*der Joint*
la maria	*das Marihuana*
la pasticca	*die Pille*
il pezzo di fumo	*etwas zum Rauchen*
la roba	*der Stoff*
sniffare, pippare	*sniffen, koksen*
lo sniffatore	*der Kokser*
spacciare	*dealen*
lo spacciatore	*der Dealer*
lo spin(ell)o	*die Tüte*
lo stupefacente	*das Rauschgift*
il tossico(dipendente)	*der Junkie*

Flirtare	**Flirten**
Hai degli occhi stupendi.	*Du hast wunderschöne Augen*
Mi piace come ridi.	*Mir gefällt, wie du lachst.*
Mi piaci.	*Du gefällst mir.*
Ti trovo stupendo/stupenda.	*Ich finde dich ganz toll.*
Ce l'hai il fidanzato/la fidanzata?	*Hast du einen festen Freund/eine feste Freundin?*
Studi o lavori già?	*Studierst du oder arbeitest du schon?*
Hai d'accendere, caro/cara?	*Hast Du Feuer, Süße(r)?*

Che ci fa uno/una come te in un tale luogo?	*Was macht jemand wie du an einem Ort wie diesem?*
Ti offro un drink.	*Ich lade dich zu einem Drink ein.*
Vuoi venire a prendere un ultimo bicchiere a casa mia?	*Willst du noch auf einen letzten Drink zu mir nach Hause kommen?*
Andiamo da te o da me?	*Gehen wir zu dir oder zu mir?*
Mi do per vinto; non posso resistere a questi occhi!	*Ich gebe mich geschlagen ich kann diesen Augen nicht widerstehen!*
Perché non andiamo in un posto più tranquillo dove possiamo parlare?	*Warum gehen wir nicht an einen ruhigeren Ort, wo wir uns unterhalten können?*
Ho perso il mio numero di telefono. Mi dai il tuo?	*Ich habe meine Telefonnummer verloren. Krieg' ich deine?*

Appuntamento	**Verabredung**
Ha/Hai già progettato qualcosa per domani sera?	*Haben Sie/Hast du morgen Abend schon etwas vor?*
Ci vogliamo andare insieme?	*Wollen wir zusammen hingehen?*
Vogliamo fare qualcosa insieme stasera?	*Wollen wir heute Abend was zusammen machen?*
Posso invitarLa/invitarti a cena domani?	*Darf ich Sie/dich morgen Abend zum Essen einladen?*
Quando ci incontriamo?	*Wann treffen wir uns?*
Ci incontriamo alle 9 davanti .../nel ...	*Treffen wir uns um 9 Uhr vor .../im ...*
La/Ti vengo a prendere.	*Ich hole Sie/dich ab.*
È stata davvero una bella serata!	*Das war wirklich ein netter Abend!*
Quando ci rivediamo?	*Wann sehen wir uns wieder?*
Mi farebbe piacere rivederti.	*Ich würde dich gerne wiedersehen.*

Posizioni	**Stellungen**
la posizione del missionario	*die Missionarsstellung*
la posizione pecorina	*die Hündchenstellung*
la posizione a tergo	*die Löffelchenstellung*
la posizione dello smorzacandela / dell'amazzone	*die Reiterstellung*
la (posizione della) cavalcata normanna	*die verkehrte Reiterstellung, die verirrte Reiterin*
il sessantanove (69)	*die Neunundsechzig (69)*
la spagnola, il coito intermammario	*die spanische Stellung, der Busensex*

Pratiche sessuali	**Sexualpraktiken**
alla spagnola, il coito intermammario	*spanisch, der Busensex*
lo scambismo	*der Partnertausch*
anale, l'anilingus	*anal, griechisch, der Anilingus*
BDSM	*BDSM*
l'erotismo verbale	*die Verbalerotik*
il sesso telefonico	*der Telefonsex*
manuale	*manuell*
orale, il cunnilingus, la fellazione	*oral, französisch, der Cunnilingus, die Fellatio*
la sveltina	*der Quickie*
il cibersesso / cybersesso	*der Cybersex*
vaginale	*vaginal*
il voyerismo	*der Voyeurismus*

Giocattoli erotici	**Sextoys**
l'anello per il pene	*der Penisring*
le sfere dell'amore	*die Liebeskugeln, Lustkugeln*
le sfere anali, perle anali	*die Analkugeln, Analperlen*

il dildo	*der Dildo, Godemiché*
le manette	*die Handschellen*
la frusta	*die Peitsche*
la bambola di gomma	*die Sexpuppe, Gummipuppe*
la benda per gli occhi	*die Augenbinde*
il vibratore	*der Vibrator*

Contraccettivi	**Verhütungsmittel**
l'anello vaginale	*der Vaginalring*
il preservativo	*das Kondom*
il preservativo per la donna	*das Frauenkondom*
il diaframma	*das Diaphragma*
la spirale (ormonale)	*die (Hormon)spirale*
lo spermicida	*das Spermizid*
l' Implanon	*das Verhütungsstäbchen*
il metodo della temperatura basale	*die Temperaturmethode*
Persona®	*Persona®*
il metodo Ogino-Knaus	*die Kalendermethode*
la pillola (anticoncezionale)	*die (Antibaby)pille*

Malattie veneree	**Geschlechtskrankheiten**
la gonorrea, la blenorragia	*die Gonorrhö, der Tripper*
l'epatite B	*die Hepatitis B*
l'herpes genitale	*der Herpes genitalis*
le infezioni da clamidia	*die Chlamydieninfektion*
la candidosi	*die Candidose*
l'aids	*AIDS*
la sifilide	*die Syphilis*
le verruche genitali, l'infezione da Papilloma Virus Umano (HPV)	*die Feigwarze, die Infektion mit Papillom-Viren*

Politik
und
Gesell-
schaft

Politik

il popolo
['pɔ:polo] **das Volk**
Il popolo avrebbe voluto un cambio di governo. •› *Das Volk möchte einen Regierungswechsel.*

la nazione
[nat'tsio:ne] **die Nation**
Quante nazioni fanno parte dell'Unione Europea? •› *Wie viele Nationen gehören zu der Europäischen Union?*

il paese
[pa'e:ze] **das Land**
Da che paese vieni? •› *Aus welchem Land kommst du?*

libero
['li:bero] **libera** **frei**
E' un paese libero. •› *Das ist ein freies Land.*

la libertà
[liber'ta] **die Freiheit**
La libertà di culto è uno dei diritti dell'uomo? •› *Ist Religionsfreiheit ein Menschenrecht?*

indipendente
[indipen'dɛnte] **unabhängig**
I giornali dovrebbero essere indipendenti. •› *Zeitungen sollten unabhängig sein.*

il sistema
[sis'tɛ:ma] **das System**
Non capisco il sistema politico russo. •› *Ich verstehe das politische System Russlands nicht.*

la democrazia
[demokrat'tsi:a]
die Demokratie
Senza un voto libero e onesto la democrazia non può esistere. •› *Ohne freie und faire Wahlen gibt es keine Demokratie.*

democratico
[demo'kra:tiko] **democratica** **demokratisch**
Nel nostro paese ci sono state elezioni democratiche per la prima volta dopo cinque anni. •› *In unserem Land gab es zum ersten Mal seit fünf Jahren demokratische Wahlen.*

la repubblica
[re'pubblika] **die Republik**
L'Italia è una repubblica. •› *Italien ist eine Republik.*

la monarchia
[monar'ki:a] **die Monarchie**
Spagna, Norvegia, Svezia, Danimarca, Olanda e Belgio sono tutte monarchie.

↔ *Spanien, Norwegen, Schweden, Dänemark, Holland und Belgien sind ebenfalls Monarchien.*

il governo

[go'vɛrno] **die Regierung**

In Germania il popolo vota ogni quattro anni un nuovo governo. ↔ *Das Volk in Deutschland wählt alle vier Jahre eine neue Regierung.*

il presidente

[presi'dɛnte] **der Präsident, die Präsidentin**

Quanti presidenti della Repubblica italiana conosci? ↔ *Wie viele Präsidenten der italienischen Republik kennst du?*

il re

[re] **der König**

Chi è stato l'ultimo re d'Italia? ↔ *Wer war der letzte König von Italien?*

la regina

[re'dʒi:na] **die Königin**

La Regina Vittoria ha regnato per 64 anni. ↔ *Königin Victoria war 64 Jahre lang Königin.*

il regno

['reɲɲo] **das Königreich**

Un regno è un paese al cui vertice c'è un re o una regina. ↔ *Ein Königreich ist ein Land, in dem ein König oder eine Königin an der Spitze steht.*

il cittadino (-a)

[tʃitta'di:no] **cittadina**

der Bürger, die Bürgerin, der Staatsangehörige, die Staatsangehörige

I cittadini di un paese dovrebbero avere il diritto di scegliere i propri governanti. ↔ *Die Bürger eines Landes sollten das Recht haben, ihren Führer selbst zu wählen.*

il diritto

[di'ritto] **das Recht**

Il diritto di voto è un fondamento importante di ogni democrazia. ↔ *Das Wahlrecht ist ein wichtiger Bestandteil jeder Demokratie.*

Papà si lamenta sempre della situazione politica mondiale. Papa jammert mal wieder über die weltpolitische Lage. ugs

la legge
['leddʒe] **das Gesetz**
Ogni paese ha leggi diverse. ↔ *Jedes Land hat andere Gesetze.*

la costituzione
[kostitut'tsio:ne] **die Verfassung**
La Costituzione italiana è entrata in vigore il 1à gennaio 1948. ↔ *Die italienische Verfassung gibt es seit dem 1. Januar 1948.*

le elezione
[elet'tsio:ne] **die Wahl**
Quando sono le prossime elezioni? ↔ *Wann sind die nächsten Wahlen?*

eleggere
[e'lɛddʒere] **(in ein Amt) wählen**
I ministri vengono eletti? ↔ *Werden Minister gewählt?*

Regierung und Opposition

il partito
[par'ti:to] **die Partei**
Appartieni ad un partito politico? ↔ *Gehörst du einer politischen Partei an?*

il membro
['mɛmbro] **das Mitglied**
Molti partiti tedeschi perdono membri. ↔ *Viele deutsche Parteien verlieren Mitglieder.*

il politico
[po'li:tiko] **der Politiker, die Politikerin**
I politici dibattono le questioni in parlamento. ↔ *Die Politiker debattierten die Angelegenheit im Parlament.*

la politica
[po'litika] **die Politik**
Perché sei entrato in politica? ↔ *Warum bist du in die Politik gegangen?*

politico
[po'li:tiko] **politica** **politisch**
Abbiamo avuto una discussione politica interessante.

▸ *Wir hatten eine interessante politische Diskussion.*

il governo
[go'vɛrno] **die Regierung**
Gli studenti protestavano contro il governo. ▸ *Die Studenten protestierten gegen die Regierung.*

l'opposizione
[oppozit'tsio:ne] **die Opposition**
Sono all'opposizione perché hanno perso le elezioni. ▸ *Sie sind in der Opposition, weil sie die Wahl verloren haben.*

il cancelliere
[kantʃel'liɛ:re] **cancelliera**
der Kanzler, die Kanzlerin
Come si chiama l'ultimo cancelliere tedesco? ▸ *Wie hieß der letzte deutsche Bundeskanzler?*

il ministro
[mi'nistro] **ministra**
der Minister, die Ministerin
Il Ministro Elsa Fornero in questo momento è impegnata con la riforma della legge sul lavoro. ▸ *Die Ministerin Elsa Fornero ist gerade mit der Arbeitgesetzreform beschäftigt.*

in carico
['ka:riko] **das Amt**
Nel suo primo giorno di incarico introdusse importanti cambiamenti. ▸ *An seinem ersten Tag im Amt führte er wichtige Veränderungen ein.*

pubblico
['pubbliko] **pubblica**
öffentlich
Questa informazione è di interesse pubblico. ▸ *Diese Information ist von öffentlichem Interesse.*

il parlamento
[parla'mento] **das Parlament**
Il Parlamento italiano si riunisce a Montecitorio. ▸ *Das italienische Parlament trifft sich in Montecitorio.*

Ma quando la smetterai di lamentarti dei politici?
Wann hörst du endlich auf, dich über die Politiker zu beklagen?

rappresentare
[rapprezen'ta:re] **vertreten, repräsentieren**
La Commissione europea rappresenta gli interessi generali dell'UE. ▸ *Die Europäische Kommission vertritt die allgemeinen Interessen der EU.*

discutere, dibattere
[dis'ku:tere, di'battere] **diskutieren, debattieren**
I politici dibattevano in parlamento le modifiche al sistema scolastico. ↔ *Die Politiker debattierten im Parlament die Änderungen im Bildungssystem.*

dibattito
[di'battito] **die Auseinandersetzung, die Debatte**
Tra il capo dell'opposizione e il primo ministro scaturì un dibattito. ↔ *Zwischen dem Oppositionsführer und dem Premierminister entwickelte sich eine Auseinandersetzung.*

discutere
[dis'ku:tere] **streiten**
Discutevano riguardo al fatto che fosse necessiario chiudere altre scuole. ↔ *Sie diskutierten darüber, ob noch mehr Schulen geschlossen werden sollten.*

essere d'accordo (con qu)
zustimmen, sich einigen (mit jdm)
Furono d'accordo nel rimandare la cosa. ↔ *Sie einigten sich darauf, die Sache zu vertagen.*

pro
[prɔ] **für**
Molti ministri hanno votato a favore della nuova legge. ↔ *Mehrere Minister stimmten für das neue Gesetz.*

contro
['kontro] **gegen**
L'opposizione ha votato contro il piano del Governo. ↔ *Die Opposition stimmte gegen die Pläne der Regierung.*

il discorso
[dis'korso] **die Rede**
Il discorso del primo ministro era troppo lungo. ↔ *Die Rede des Premierministers war zu lang.*

Il discorso era semplicemente una merda. ugs
Der redet bloß 'n Scheiß. vulg

votare
[vo'ta:re] **wählen, die Stimme abgeben**
Chi hai votato? → *Wen hast du gewählt?*

Sozial-staat

il sistema
[sis'tɛ:ma] **das System**
La maggior parte delle persone preferirebbe un sistema fiscale più semplice. → *Die meisten Menschen hätten gerne ein einfacheres Steuersystem.*

ricco
['rikko] **ricca der Reiche, die Reiche; reich**
I ricchi diventano sempre più ricchi. → *Die Reichen werden reicher.*

povero
['pɔ:vero] **povera der Arme, die Arme; arm**
I poveri diventano sempre più poveri. → *Die Armen werden ärmer.*

il ceto
['tʃɛ:to] **die (Gesellschafts) schicht**
La crisi economica coinvolge soprattutto il ceto medio. → *Die Wirtschaftskrise trifft vor allem die Mittelschicht.*

il reddito
['rɛddito] **das Einkommen**
In Italia le persone con un reddito basso non ricevono delle sovvenzioni. → *In Italien erhalten Menschen mit geringem Einkommen keine Unterstützung.*

le imposte, le tasse
[im'pɔste, 'tasse] **die Steuern**
Non è legale evadere le tasse. → *Es ist nicht legal, die Steuern zu hinterziehen.*

la dichiarazione dei redditi
die Steuererklärung
Hai già fatto la dichiarazione dei redditi? → *Hast du schon deine Steuererklärung gemacht?*

esentasse, esente da imposte
steuerfrei
Mi hanno offerto uno stipendio esentasse per un lavoro all'estero. → *Man hat mir ein steuerfreies Gehalt für eine Arbeit im Ausland angeboten.*

la sovvenzione
[sovven'tsio:ne] **die Unterstützung**
Quale sovvenzione prevede lolo stato per i genitori single? •• *Wie unterstützt der Staat alleinerziehende Eltern?*

il sussidio, contributo sociale
[sus'si:dio] **die Unterstützung, die Beihilfe**
Ricevi qualche sussidio dallo stato/contributo sociale? •• *Bekommst du irgendwelche Sozialleistungen?*

la pensione
[pen'sio:ne] **die Pension, die Rente**
Quanto versi mensilmente per il tuo piano pensionistico/fondo pensione? •• *Wie viel zahlen Sie/zahlst du monatlich in Ihre/deine Rentenversicherung ein?*

andare in pensione
in Rente gehen
A che età si va in pensione negli altri Paesi Europei? •• *Wie hoch ist das Rentenalter in den anderen europäischen Ländern?*

Innen- und Außenpolitik

il paese
[pa'e:ze] **das Land**
Che forma di governo avete nel vostro paese? •• *Welche Regierungsform haben Sie in Ihrem Land?*

nativo, nazionale
einheimisch, Inlands-, Heimat-
L'anno scorso i nostri ricavi dalle esportazioni hanno superato quelli nazionali. •• *Letztes Jahr haben unsere Exporteinkünfte die Inlandseinkünfte überschritten.*

la nazione
[nat'tsio:ne] **die Nation**
La nazione adempie onestamente ai suoi compiti. •• *Die Nation erfüllt brav ihre Aufgaben.*

nazionale
[nattsio'na:le] **national, National-**
Chi ha deciso che sia nell'interesse nazionale firmare il contratto? •• Wer

hat entschieden, dass es im nationalen Interesse liegt, den Vertrag zu unterschreiben?

internatzionale
[internattsio'na:le] **international**
Questa convenzione è importante per il commercio internazionale. ↔ *Dieser Vertrag ist wichtig für den internationalen Handel.*

on capisco ssolutamente he di cosa si ccupi la olitica estera.
as die Außenpolitik ngeht, verstehe ich gar ichts!

straniero
[stra'niɛ:ro] **straniera ausländisch**
È bene integrare le minoranze straniere presenti in Italia. ↔ *Man sollte die ausländischen Minderheiten in Italien integrieren.*

lo staniero
[stra'niɛ:ro] **straniera der Ausländer, die Ausländerin**
Gli stranieri vengono in Germania per trovare lavoro. ↔ *Ausländer kommen nach Deutschland, um Arbeit zu finden.*

la politica
[po'litika] **die Politik**
A molti non piace la politica del governo in materia di istruzione. ↔ *Viele Menschen mögen die Bildungspolitik der Regierung nicht.*

il ministero
[minis'tɛ:ro] **das Amt, das Ministerium**
Il Ministero del Lavoro e del Welfare italiano è stato affidato a una donna. ↔ *Das Arbeit- und Wohlfahrtsministerium Italiens wird von einer Frau geleitet.*

il capitale
[kapi'ta:le] **die Hauptstadt**
Quando ha spostato la capitale da Bonn a Berlino la Germania? ↔ *Wann hat Deutschland seine Hauptstadt von Bonn nach Berlin verlegt?*

la frontiera, il confine
[fron'tiɛ:ra, kon'fine]
die (Staats)grenze
I soldati pattugliavano il confine. ↔ *Soldaten patrouillierten die Grenze.*

il territorio
[terri'tɔ:rio] **das Gebiet, das Territorium**
Il pilota è stato colpito/abbatutto sul territorio nemico. ↔ *Der Pilot wurde über feindlichem Gebiet abgeschossen.*

la bandiera
[ban'diɛ:ra] **die Flagge, die Fahne**
La bandiera italiana è chiamata il tricolore. ↔ *Die italienische Flagge wird „Trikolore" genannt.*

europeo
[euro'pɛ:o] **europea der Europäer, die Europäerin; europäisch, Europa–**
Facciamo scambi commerciali soprattutto con altri paesi europei. ↔ *Den meisten Handel treiben wir mit anderen europäischen Ländern.*

Italien ist ein durch politische Instabilität gekennzeichnetes Land. Die gewählten Regierungen halten nur selten bis zum Ende einer Legislaturperiode und oft wechseln die Politiker innerhalb ihrer Partei oft von einer Gruppierung zur anderen.

l'organizzazione
[organiddzat'tsio:ne] **die Organisation**
Le organizzazioni senza fini di lucro non devono pagare le tasse. ↔ *Wohltätigkeitsorganisationen müssen keine Steuern zahlen.*

la conferenza
[konfe'rɛntsa] **die Konferenz**
La conferenza internazionale per la tutela degli animali è stata un successo. ↔ *Die internationale Tierschutzkonferenz war ein Erfolg.*

dibattere
[di'battere] **verhandeln**
Hanno dibattuto tutta la notte. ↔ *Sie haben die ganze Nacht lang verhandelt.*

il dibattimento
[dibatti'mento] **die Verhandlung**
La nuova legge è frutto di lunghi e tenaci dibattimenti. ↔ *Das neue Gesetz ist das Ergebnis langer und zäher Verhandlungen.*

il trattato
[trat'ta:to] **der Vertrag, das Abkommen**
Questo trattato cambierà il panorama politico europeo. ↔ *Dieser Vertrag wird die politische Landschaft Europas verändern.*

la convenzione
[konven'tsio:ne] **die Vereinbarung, die Zustimmung**
La Convenzione europea per la salvaguardia dei diritti umani è entrata in vigore il 3 Settembre 1953. ➜ *Die Europäische Menschenrechtskonvention trat am 3. September 1953 in Kraft.*

ufficiale
[uffi'tʃa:le] **offiziell, amtlich**
Nessuno credette alla versione ufficiale. ➜ *Keiner glaubte dem offiziellen Bericht.*

il diplomatico
[diplo'ma:tiko] **diplomatica der Diplomat, die Diplomatin**
L'ambasciata era gremita di diplomatici stranieri. ➜ *In der Botschaft waren lauter ausländische Diplomaten.*

diplomatico
[diplo'ma:tiko] **diplomatica diplomatisch**
Hanno stretto rapporti displomatici da anni. ➜ Seit *Jahren gibt es diplomatische Beziehungen.*

neutrale
[neu'tra:le] **neutral**
In una democrazia il monarca deve rimanere politicamente neutrale. ➜ *In einer Demokratie muss ein Monarch politisch neutral bleiben.*

l'ambasciatore
[ambaʃʃa'to:re] **ambasciatrice der Botschafter, die Botschafterin**
Domani sera l'ambasciatore darà un ricevimento. ➜ *Der Botschafter gibt morgen Abend einen Empfang.*

l'ambasciata
[ambaʃʃa:ta] **die Botschaft**
Il ricevimento si è tenuto all'ambasciata. ➜ *Der Empfang findet in der Botschaft statt.*

il consolato
[konso'la:to] **das Konsulat**
Qual è la differenza tra un consolato e un'ambasciata? ➜ *Was ist der Unterschied zwischen einem Konsulat und einer Botschaft?*

Sai mica dove si trova il consolato tedesco? Weißt du, wo das deutsche Konsulat ist?

l'immigrato, immigrante
[immi'grante] **immigrata der Einwanderer, die Einwanderin**
Quanto più velocemente un

immigrato impara la lingua locale, tanto più la sua vità diventa semplice. •› *Je schneller die Einwanderer die einheimische Sprache lernen, desto einfacher wird ihr Leben.*

l'immigrazione

[immigrat'tsio:ne] **die Einwanderung**

La Germania ha leggi rigide per l'immigrazione. •› *Deutschland hat strenge Einwanderungsgesetze.*

emigrare

[emi'gra:re] **auswandern, emigrieren**

Il prossimo anno emigriamo in Australia. •› *Wir wandern nächstes Jahr nach Australien aus.*

l'emigrazione

[emigrat'tsio:ne] **die Auswanderung, die Emigration**

In Italia oggi si assiste ad una nuova emigrazione di giovani qualificati che cercano un futuro migliore lontano dal proprio paese. •› *In Italien beobachtet man heute eine neue Auswanderungswelle junger qualifizierter Kräfte, die fern ihrer Heimat nach einer besseren Zukunft suchen.*

Das Wichtigste in Kürze

Si dice in giro	*Tratsch und Klatsch*
sparlare di qualcuno	*über jdn lästern*
spettegolare	*tratschen*
sfottere qualcuno	*jdn verarschen*
prendere in giro qualcuno	*jdn veräppeln*
prendere per il culo	*auf den Arm nehmen*
la linguaccia	*das Lästermaul*
la boccaccia	*das Schandmaul*
la pettegola	*die Klatschbase*
il/la (rac)contaballe	*der Dummschwätzer, die Dummschwätzerin*
Ammazza!	*Alter Schwede!*
Assurdo!	*Unglaublich!*
Bestiale!	*Entsetzlich!*
Che figata!	*Wahnsinn!*
Che sballo!	*Geil!*
Da paura!	*Cool!*
Da urlo!	*Saugeil!*
Davvero? Giura!	*Wirklich? Schwör es!*
Fico!/Figo!	*Geil!*
Incredibile!	*Unglaublich!*
Micidiale!	*Wahnsinn!*
Non ci credo!	*Ich glaub's nicht!*
Non ci posso credere!	*Ich kann's kaum glauben!*
Non dire cazzate!	*Red doch keinen Blödsinn/Stuss/Müll!*

Non sparare cazzate/stronzate/bombe!	*Erzähl doch keinen Mist/Scheiß/Schmu!*
pazzesco!	*Verrückt!*
Roba da matti!	*Das ist verrückt!*
Te lo giuro!	*Ich schwör's dir!*

Im Notfall

Hilfe!

ahi *ugs*
['a:i] **aua!** *ugs*
Ahi! Che male! •• *Aua! Das tut weh!*

il dolore
[do'lo:re] **der Schmerz**
Che dolore atroce! •• *Was für schreckliche Schmerzen!*

ferirsi
[fe'ri:rsi] **(sich) verletzen**
Ti sei ferito? •• *Hast du dich verletzt?*

la ferita
[fe'ri:ta] **die Verletzung**
All'ospedale è stata un'infermiera a occuparsi della mia ferita. •• *Im Krankenhaus hat sich eine Krankenschwester um meine Verletzung gekümmert.*

sentirsi
[sen'ti:rsi] **sich fühlen**
Non mi sento bene. •• *Ich fühle mich nicht wohl.*

stare bene
['sta:re'bɛ:ne] **gut gehen, okay sein**
Stai di nuovo bene? •• *Bist du wieder okay?*

stare male
['sta:re'ma:le] **schlecht gehen**
No, sto male! •• *Nein, es geht mir schlecht!*

È malato, ha la sciolta. slang
Er ist krank, er hat Dünnpfiff. ugs

cattivo
[kat'ti:vo] **cattiva schlecht, schlimm**
Ho cattive notizie. •• *Ich habe schlechte Neuigkeiten.*

la febbre
['fɛbbre] **das Fieber**
Ieri aveva piu di 39 ° di febbre. •• *Gestern hatte sie über 39° Fieber.*

contagioso
[konta'dʒo:so] **contagiosa ansteckend**
Fare sesso sicuro impedisce la trasmissione di malattie veneree contagiose. •• *Safer Sex verhindert die Übertragung von ansteckenden Geschlechtskrankheiten.*

contagiarsi
[konta'dʒiarsi] **anstecken, infizieren**
Il bambino si è contagiato del fratello. •• *Der Junge hat seinen Bruder angesteckt.*

curabile
[ku'ra:bile] **heilbar**
In questo stadio questo tumore è perfettamente curabile. •• *In diesem Stadium ist dieser Krebs vollständig heilbar.*

incurabile
[iŋku'ra:bile] **unheilbar**
Liliana ha una malattia incurabile. •• *Liliana leidet an einer unheilbaren Krankheit.*

succedere
[sut'tʃɛ:dere] **passieren, geschehen**
Quando è successo? •• *Wann ist das passiert?*

rompersi
['rompersi] **sich brechen**
Penso di essermi rotto il dito. •• *Ich glaube, ich habe mir den Finger gebrochen.*

cadere
[ka'de:re] **fallen**
Si è rotto la gamba cadendo da cavallo. •• *Er ist vom Pferd gefallen und hat sich das Bein gebrochen.*

tagliar fuori
schneiden
Si è tagliato la mano. •• *Er hat sich in die Hand geschnitten.*

annegare, affogare
[anne'ga:re] **ertrinken, ertränken**
E' quasi annegato. •• *Er ist fast ertrunken.*

l'ambulanza
[ambu'lantsa] **der Krankenwagen**
Presto! Chiamate un'ambulanza! •• *Schnell! Rufen Sie einen Krankenwagen!*

il salvatore, soccorritore
[salva'to:re] **salvatrice, soccorritrice der Retter, die Retterin**
Sono grato ai miei soccorritori; sono stati loro a salvarmi la vita. •• *Ich bin meinen Rettern sehr dankbar; sie haben mir wohl das Leben gerettet.*

l'incidente
[intʃi'dɛnte] **der Unfall**
Il conducente è responsabile dell'incidente. •• *Der Fahrer ist für den Unfall verantwortlich.*

i pompieri
[pom'piɛ:ri] **die Feuerwehr**
I pompieri hanno domato un incendio nel bosco. ••

Die Feuerwehr hat im Wald ein Feuer gelöscht.

la malattia
[malat'ti:a] **die Krankheit**
Il tè verde è in grado di proteggere da molte malattie. •• *Grüner Tee kann vielen Krankheiten vorbeugen.*

il numero di emergenza
die Notrufnummer
In Italia il numero di emergenza è il 112. •• *In Italien lautet die Notrufnummer 112.*

l'aiuto
[a'iu:to] **die Hilfe**
Io rimango con il ferito, tu vai a cercare aiuto. •• *Ich bleibe bei dem Verletzten und du holst Hilfe.*

chiedere aiuto a
um Hilfe bitten
Ma perché non mi hai chiesto aiuto? •• *Warum hast du mich denn nicht um Hilfe gebeten?*

il pronto soccorso
die Erste Hilfe
Ho fatto un corso di pronto soccorso. •• *Ich habe einen Erste-Hilfe-Kurs gemacht.*

salvare
[sal'va:re] **retten**
È quasi affofato, uno che sapeva nuotare l'ha salvato. •• *Er ist fast ertrunken, ein Schwimmer hat ihn gerettet.*

la fasciatura
[faʃʃa'tu:ra] **der Verband**
Ho bisogno di una fasciatura. •• *Ich brauche einen Verband.*

fasciare
[faʃʃa:re] **verbinden**
Puoi fasciarmi la ferita? •• *Kannst du diese Wunde verbinden?*

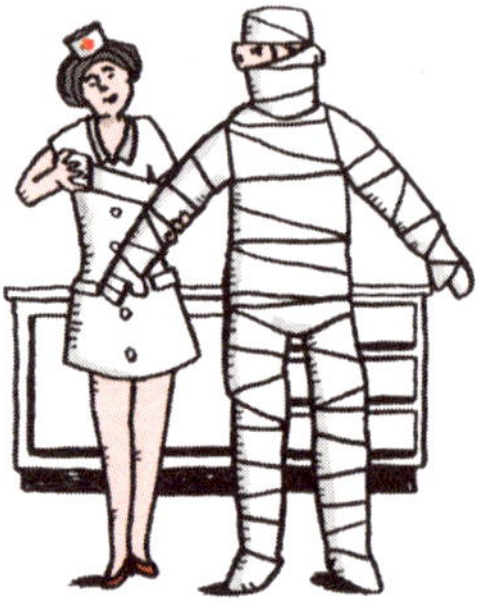

la respirazione bocca a bocca
die Mund-zu-Mund Beatmung
Presto, bisogna fargli subito la respirazione bocca a bocca! •• *Schnell! Er muss sofort beatmet werden!*

il defibrillatore
[defibrilla'to:re] **der Defibrillator**
Il medico dovette usare il defibrillatore. •• *Die Ärzte mussten den Defibrillator benutzen.*

il sangue
['saŋgue] **das Blut**
Il paziente ha perso molto sangue. •• *Der Patient hat viel Blut verloren.*

sanguinare
[saŋgui'na:re] **bluten**
La ferita non sanguina già quasi più. •• *Die Wunde blutete schon fast nicht mehr.*

gridare
[gri'da:re] **rufen, schreien**
Li sentimmo gridare aiuto. •• *Wir hörten, wie sie um Hilfe schrien.*

isterico
[is'tɛ:riko] **isterica** **hysterisch**
La maggior parte delle persone sono rimaste tranquille, solo una signora era piuttosto isterica. •• *Die meisten blieben ruhig, nur eine Dame wurde ziemlich hysterisch.*

il panico
['pa:niko] **die Panik**
Non fatevi prendere dal panico, tutto andrà bene. •• *Nur keine Panik, alles wird gut.*

lo choc
[ʃɒk] **der Schock**
La moglie dell'infortunato è ancora sotto shock. •• *Die Frau des Verunglückten steht noch immer unter Schock.*

la ferita
[fe'ri:ta] **die Wunde**
L'uomo sanguinava da una ferita al petto. •• *Der Mann blutete aus einer Wunde in der Brust.*

svenire
[zve'ni:re] **in Ohnmacht fallen**
Molte persone svennero per il caldo. •• *Mehrere Leute wurden in der Hitze bewusstlos.*

la pillola
['pillola] **die Tablette**
Prenda una pillola al giorno. •• *Nehmen Sie eine Tablette am Tag.*

la medicina
[medi'tʃi:na] **das Medikament, die Medizin**
Mi serve una medicina per mia figlia. •• *Ich brauche ein Medikament für meine Tochter.*

Im Krankenhaus

l'ospedale
[ospe'da:le] **das Krankenhaus**
I feriti sono stati portati all'ospedale. ↔ *Die Verletzten wurden ins Krankenhaus gebracht.*

il, la paziente
[pat'tsiɛnte] **der Patient, die Patientin**
Il dottor Leri è motlo gentile con in suoi pazienti. ↔ *Doktor Leri ist sehr nett zu seinen Patienten.*

l'assicurazione contro le malattie
die (Kranken)versicherung
Ha un'assicurazione sanitaria (per l'estero)? ↔ *Haben Sie eine (Auslands)krankenversicherung?*

il dottore
[dot'to:re] **la dottoressa**
der (Allgemein)arzt, die (Allgemein)ärztin
Dobbiamo aspettare il dottore. ↔ *Wir müssen auf den Arzt warten.*

ricevere
[ri'tʃɛ:vere] **Sprechstunde haben**
Il lunedì la dottoressa riceve dalle 9:00 alle 12:00. ↔ *Die Ärztin hat montags von 9:00 bis 12:00 Uhr Sprechstunde.*

la sala d'aspetto
das Wartezimmer
Si accomodi un attimo in sala d'aspetto. ↔ *Nehmen Sie einen Augenblick im Wartezimmer Platz.*

lo, la specialista
[spetʃa'lista] **der Facharzt, die Fachärztin**
Il dottore mi ha mandato da uno specialista. ↔ *Der Arzt hat mich zu einem Facharzt überwiesen.*

il, la dentista
[den'tista] **der Zahnarzt, die Zahnärztin**
Dovresti andare dal dentista ogni sei mesi. ↔ *Du solltest alle sechs Monate zum Zahnarzt gehen.*

stendersi
['stɛndersi] **sich hinlegen**
Si stenda sul lettino. ↔ *Legen Sie sich auf die Liege.*

Stai sempre bene? Geht's dir noch gut? ugs

curare
[ku'ra:re] **behandeln**
Quel medico omeopata ha curato molto bene un mio amico. •• *Der Homöopath hat einen Freund von mir sehr gut behandelt.*

la radiografia
[radiogra'fi:a] **das Röntgenbild**
Gli fanno una radiografia al braccio per essere sicuri che non sia rotto. •• *Sie röntgten seinen Arm, um sicherzustellen, dass er nicht gebrochen war.*

guarire
[gua'ri:re] **heilen**
Nonostante la gravità della sua malattia, i medici sono riusciti a guarirlo. •• *Trotz seiner schweren Krankheit haben die Ärzte es geschafft, ihn zu heilen.*

voltarsi
[vol'ta:rsi] **sich umdrehen**
Si volti per favore, così posso controllarle la schiena. •• *Drehen Sie sich bitte um, dann kann ich mir Ihren Rücken anschauen.*

visitare
[vizi'ta:re] **untersuchen**
Il medico ha visitato la mia ferita. •• *Der Arzt hat meine Verletzung untersucht.*

la visita
['vi:zita] **die Untersuchung**
Avete i risultati delle mie analisi? •• *Haben Sie die Ergebnisse meiner Untersuchungen?*

il test
[tɛst] **der Test**
Facciamo un paio di test per scoprire cosa c'è che non va. •• *Wir machen ein paar Tests, um herauszufinden, was ihm/ihr/Ihnen etc. fehlt.*

la diagnosi
[di'aɲɲozi] **die Diagnose**
Fecero un paio di test per verificare la diagnosi del medico. •• *Sie machten ein paar Tests, um die Diagnose des Arztes zu überprüfen.*

diagnosticare
[diaɲɲosti'ka:re] **diagnostizieren, eine Diagnose stellen**
Questa malattia è molto difficile da diagnosticare. •• *Diese Krankheit ist sehr schwer zu diagnostizieren.*

la ricetta
[ri'tʃɛtta] **das (Arzt)rezept**
Il medico ti ha dato/scritto le ricette per i medicinali?

•• *Hat dir der Arzt ein Rezept für die Medikamente ausgestellt?*

il letto
['lɛtto] **das Bett**
Quanti posti letto ci sono là in reparto? •• *Wie viele Betten gibt es dort auf der Station?*

l'infermiere
[infer'miɛ:re] **infermiera** **der Krankenpfleger, die Krankenschwester**
L'infermiera mi ha fatto un'iniezione. •• *Die Krankenschwester gab mir eine Spritze.*

l'operazione
[operat'tsio:ne] **die Operation**
Dopo l'operazione il ferito è fuori pericolo. •• *Nach der Operation ist der Verletzte außer Gefahr.*

l'anestesia
[aneste'zi:a] **die Narkose**
Dobbiamo operare in ogni caso sotto anestesia. •• *Das müssen wir auf jeden Fall unter Narkose operieren.*

vivo
['vi:vo] **viva** **lebendig, am Leben**
Essere bruciati vivi deve essere spaventoso. •• *Bei lebendigem Leib zu verbrennen muss schrecklich sein.*

morto
['mɔrto] **morta** **tot**
E' morto in un incidente stradale. •• *Er ist bei einem Autounfall ums Leben gekommen.*

la morte
['mɔrte] **der Tod**
La sua morte improvvisa ci ha scioccati tutti molto. •• *Sein plötzlicher Tod hat uns alle sehr schockiert.*

morire
[mo'ri:re] **sterben**
Mio padre morì quando avevo quattro anni. •• *Mein Vater starb, als ich vier Jahre alt war.*

il cadavere
[ka'da:vere] **die Leiche**
È stato trovato un cadavere nel bosco. •• *Im Wald wurde eine Leiche gefunden.*

Ma cosa ti è successo? Sembri un cadavere ambulante! ugs
Was ist los mit dir? Du siehst ja aus wie eine wandelnde Leiche! ugs

sopravvivere
[soprav'vi:vere] **überleben**
E' sopravvissuto qualcuno al disastro aereo? ↔ *Hat irgendjemand den Flugzeugabsturz überlebt?*

la salute
[sa'lu:te] **die Gesundheit**
Maurizio è abbastanza vecchio, ma in ottima salute. ↔ *Maurizio ist ziemlich alt, aber bei bester Gesundheit.*

sano
['sa:no] **sana** **gesund**
Bisogna fare attenzione a nutrirsi in modo sano. ↔ *Man muss auf eine gesunde Ernährung achten.*

Das *Servizio Sanitario Nazionale* ist das öffentliche Gesundheitssystem, das allen italienischen Bürgern eine Grundversorgung gewährleistet. Es finanziert sich durch Steuern und durch die sogenannten *ticket sanitari*, eine Eigenbeteiligung, die von den Patienten in Einzelfällen verlangt wird.

Das Wichtigste in Kürze

In farmacia	In der Apotheke
l'antidolorifico	*die Schmerztabletten*
l'aspirina®	*das Aspirin®*
la benda/fascia di garza	*die Mullbinde*
il calmante	*das Beruhigungsmittel*
il cerotto	*das Pflaster*
il collirio	*die Augentropfen*
la compressa contro il mal di testa	*die Kopfschmerztabletten*
la compressa/pastiglia/pasticca/pillola	*die Tablette*
il disinfettante	*das Desinfektionsmittel*
il farmaco/la medicina	*das Medikament*
il farmaco per la circolazione	*das Kreislaufmittel*
le gocce	*die Tropfen*
le gocce per le orecchie	*die Ohrentropfen*
l'insetticida	*das Insektizid*
l'insulina	*das Insulin*
il lassativo	*das Abführmittel*
la pomata	*die Salbe*
la pomata contro le scottature	*die Sonnenbrandsalbe*
la ricetta	*das Rezept*
lo sciroppo per la tosse	*der Hustensaft*
il sonnifero	*die Schlaftablette*
la supposta	*das Zäpfchen*
il termometro	*der Thermometer*

Raum und Zeit

Tages-zeiten

la mattina[1]
[mat'ti:na] **der Morgen**
Era una mattina fredda. ↔ *Es war ein kühler Morgen.*

la mattina[2]
[mat'ti:na] **der Vormittag**
La mattina ho una riunione. ↔ *Am Vormittag habe ich eine Besprechung.*

il mezzogiorno
[meddzo'dʒorno] **der Mittag**
A mezzogiorno suonano le campane. ↔ *Um zwölf Uhr mittags leuten die Glocken.*

il pomeriggio
[pome'riddʒo] **der Nachmittag**
Abbiamo giocato alla play tutto il pomeriggio. *ugs* ↔ *Wir haben den ganzen Nachmittag Videospiele gespielt.*

la sera
['se:ra] **der Abend**
Ieri sera sono tornato a casa tardi. ↔ *Gestern Abend kam ich spät nach Hause.*

la notte
['nɔtte] **die Nacht**
Siamo rimasti svegli tutta la notte. ↔ *Wir waren die ganze Nacht wach.*

Hey raga, che si fa stasera? slang
Hey Mädels, was geht heut' Abend? slang

il giorno
['dʒorno] **der Tag**
Ho sfacchinato tutto il giorno, non ne posso più. *ugs* ↔ *Ich habe den ganzen Tag geschuftet, ich kann nicht mehr! ugs*

ieri
['iɛ:ri] **gestern**
Ieri ho incontrato tua madre per strada. ↔ *Gestern habe ich deine Mutter auf der Straße getroffen.*

l'altro ieri
['altro'iɛ:ri] **vorgestern**
L'altro ieri l'ho incontrato per strada. ↔ *Vorgestern habe ich ihn auf der Straße getroffen.*

oggi
['ɔddʒi] **heute**
Oggi vado a trovare i miei nonni. ↔ *Heute besuche ich meine Großeltern.*

domani
[do'ma:ni] **morgen**
Ritorno a casa domani. •› *Morgen fahre ich zurück nach Hause.*

dopodomani
[dopodo'ma:ni] **übermorgen**
Dopodomani mi sposo. •› *Übermorgen heirate ich.*

due giorni dopo
am übernächsten Tag
La raccomandata arrivò due giorni dopo. •› *Das Einschreiben kam am übernächsten Tag an.*

nello stesso giorno
am selben Tag
Siamo arrivati lo stesso giorno. •› *Wir kamen am selben Tag an.*

a[1]
[a] **um**
Ci siamo dati appuntamento in piazza alle tre. •› *Wir sind um drei Uhr am Marktplatz verabredet.*

a[2]
[a] **bis**
Starò via da gennaio a marzo. •› *Ich werde von Januar bis März verreist sein.*

a partire da
ab
A partire da lunedì non c'è più lezione. •› *Ab Montag findet kein Unterricht mehr statt.*

l'ora[1]
['o:ra] **die Stunde**
Ho fatto la fila per un'ora. •› *Ich habe eine Stunde lang Schlange gestanden.*

L'ha capita dopo mezz'ora, che volpe! ugs
Sie hat es nach einer halben Stunde verstanden, die ist aber schlau! ugs

l'ora[2]
['o:ra] **die Uhrzeit**
Ceniamo sempre alla stessa ora. •› *Wir essen immer zur gleichen Uhrzeit zu Abend.*

l'orologio
[oro'lɔ:dʒo] **die Uhr**
L'orologio batte le dodici. •› *Die Uhr schlägt zwölf.*

la lancetta
[lan'tʃetta] **der Zeiger**
La lancetta dei secondi non funziona più. •› *Der Sekundenzeiger geht nicht mehr.*

presto[1]
['prɛsto] **bald**
Ci vediamo presto. •› *Wir sehen uns bald.*

presto[2]
['prɛsto] **früh**
Ti alzi sempre così presto? •• *Stehst du immer so früh auf?*

dopo[1]
['do:po] **nach**
Dopo la partita siamo andati in pizzeria. •• *Nach dem Spiel sind wir Pizza essen gegangen.*

dopo[2]
['do:po] **danach, nachher, später**
Ci vediamo dopo. •• *Wir sehen uns nachher.*

in punto
[in'punto] **genau, Punkt ...**
Ci troviamo alle 15.00 in punto come stabilito. •• *Wir treffen uns, wie verabredet, um Punkt 15.00 Uhr.*

il verso
['vɛrso] **gegen**
Noi pranziamo verso l'una. •• *Wir essen gegen ein Uhr zu Mittag.*

puntuale
[puntu'a:le] **pünktlich**
Lei è sempre puntuale. •• *Sie ist immer pünktlich.*

prolungare
[proluŋ'ga:re] **verlängern**
Abbiamo prolungato il nostro soggiorno in Italia. •• *Wir haben unseren Aufenthalt in Italien verlängert.*

immediatamente
[immediata'mente] **sofort**
E' andato immediatamente dopo la nostra telefonata. •• *Er ist sofort nach unserem Telefonat gegangen.*

più tardi
nachher
A più tardi! •• *Bis nachher!*

il momento
[mo'mento] **der Moment**
Solo un mometo per favore, sono subito da lei. •• *Einen Moment bitte, ich bin gleich für Sie da.*

a volte
[tal'vɔlta] **manchmal**
A volte il portinaio lavora di/la notte. •• *Manchmal arbeitet der Pförtner nachts.*

regolarmente
[rego'la:r'mente] **regelmäßig**
Molte coppie ammettono apertamente di praticare regolarmente lo scambismo. •• *Viele Paare geben offen zu, regelmäßig an einem Partnertausch teilzunehmen.*

Wochentage

il giorno (della settimana)
['dʒorno] **der Wochentag**
Che giorno della settimana è oggi? •› *Was ist heute für ein Wochentag?*

la settimana
[setti'ma:na] **die Woche**
Mia cognata ha le mani bucate, in due settimane spende tutto lo stipendio. •› *Meine Schwägerin wirft das Geld mit vollen Händen aus dem Fenster – innerhalb von zwei Wochen hat sie ihr gesamtes Gehalt ausgegeben.*

settimanalmente
[settima'nalmente] **wöchentlich**
I corsi di nuoto hanno luogo settimanalmente. •› *Die Schwimmkurse finden wöchentlich statt.*

il lunedì
[lune'di] **der Montag**
Noi rimaniamo qui sino a lunedì. •› *Wir bleiben bis Montag hier.*

il martedì
[marte'di] **der Dienstag**
A martedì! •› *Bis Dienstag!*

il mercoledì
[merkole'di] **der Mittwoch**
Volevano andare vie mercoledì. •› *Sie wollten am Mittwoch fahren.*

il giovedì
[dʒove'di] **der Donnerstag**
Julia ha noleggiato l'auto fino a giovedì. •› *Julia hat das Auto bis Donnerstag gemietet.*

il venerdì
[vener'di] **der Freitag**
Venerdì andiamo a fare shopping. •› *Am Freitag gehen wir einkaufen.*

il sabato
['sa:bato] **der Samstag**
Sabato vorrei dormire. •› *Am Samstag möchte ich ausschlafen.*

la domenica
[do'me:nika] **der Sonntag**
Domenica allo stadio si sono menati. *ugs* •› *Am Sonntag haben sie sich im Stadion geprügelt.*

il fine settimana, weekend
['fi:nesetti'ma:na, 'wi:kɛnd] **das Wochenende**
Il fine settimana esco sempre con gli amici. ↔ *Am Wochenende gehe ich immer mit Freunden aus.*

Monate und Jahreszeiten

il mese
['me:se] **der Monat**
Dal mese scorso mi son messo a studiare di buzzo buono. ugs ↔ *Seit letztem Monat mache ich mich mit vollem Eifer ans Lernen.* ugs

mensilmente
[men'si:le] **monatlich**
Lui paga gli alimenti alla sua ex moglie mensilmente. ↔ *Er zahlt seiner Exfrau monatliche Alimente.*

il gennaio
[dʒen'na:io] **der Januar**
Gennaio è stato freddo come non lo era da anni. ↔ *Der Januar ist so kalt wie schon seit Jahren nicht mehr.*

il febbraio
[feb'bra:io] **der Februar**
Si è presa una settimana di ferie a febbraio. ↔ *Sie hat im Februar eine Woche Urlaub genommen.*

il marzo
['martso] **der März**
Laura è incinta. Il bambino è atteso a marzo. ↔ *Laura ist schwanger. Das Baby soll im März kommen.*

l'aprile
[a'pri:le] **der April**
La stagione degli asparagi inizia in aprile. ↔ *Die Spargelzeit beginnt im April.*

il maggio
['maddʒo] **der Mai**
Adoro passeggiare per Milano a maggio. ↔ *Ich liebe es, im Mai durch Mailand zu bummeln.*

il giugno
['dʒuɲɲo] **der Juni**
Le vacanze cominciano a giugno. ↔ *Die Ferien beginnen im Juni.*

il luglio
['luʎʎo] **der Juli**
Pensiamo di andare in ferie verso la a fine di luglio. ↔ *Wir planen, Ende Juli in Urlaub zu fahren.*

l'agosto
['agosto] **der August**
Mi sono sposata il ventisette agosto. ↔ *Ich habe am siebenundzwanzigsten August geheiratet.*

il settembre
[set'tɛmbre] **der September**
La scuola ricomincia sempre a settembre. ↔ *Die Schule fängt immer im September wieder an.*

l'ottobre
[ot'to:bre] **der Oktober**
Il 13 ottobre è il nostro anniversario. ↔ *Der 13. Oktober ist unser Jahrestag.*

il novembre
[no'vɛmbre] **der November**
Lei non ci sarà dal 15 sino al 30 novembre. ↔ *Sie wird vom 15. bis zum 30. November nicht da sein.*

il dicembre
[di'tʃɛmbre] **der Dezember**
Il 31 dicembre si mangiano le lenticchie. ↔ *Am 31. Dezember isst man Linsen.*

l'anno
['anno] **das Jahr**
All'inizio sembrava solo l'ennesima avventura, ma ormai stanno insieme da quattro anni. ↔ *Am Anfang schien es ein weiteres Abenteuer zu sein, aber inzwischen sind sie seit vier Jahren zusammen.*

anno
['annuo, annu'a:le] **annuale jährlich**
Il festival annuale della letteratura di Mantova si svolge sempre a settembre. ↔ *Das jährliche Literaturfestival findet immer im September in Mantova statt.*

il calendario, l'agenda
[kalen'da:rio, a'dʒɛnda] **der Kalender**
Ho annotato il nostro appuntamento sull'agenda. ↔ *Ich habe unseren Termin in den Kalender eingetragen.*

il trimestre
[tri'mɛstre] **das Vierteljahr**
Questo trimestre è passato così velocemente! ↔ *Dieses Vierteljahr ist so schnell vorbeigegangen!*

il semestre
[se'mɛstre] **das Halbjahr, das Semester**
A questo progetto ci abbiamo lavorato un intero semestre! ↔ *An diesem Projekt haben wir ein ganzes Semester lang gearbeitet!*

la stagione
[sta'dʒo:ne] **die Jahreszeit**
La primavera è la stagione più bella. ↔ *Der Frühling ist die schönste Jahreszeit.*

la primavera
[prima'vɛ:ra] **der Frühling**
La primavera è la stagione più bella. → *Der Frühling ist die schönste Jahreszeit.*

l'estate
[es'ta:te] **der Sommer**
Quest'estate faremo un viaggio in Francia. → *Diesen Sommer werden wir nach Frankreich fahren.*

l'autunno
[au'tunno] **der Herbst**
Dovrei confessare a Claudio la scappatella dell'ultima autunno? → *Sollte ich Claudio den Seitensprung vom letzten Herbst beichten?*

l'inverno
[in'vɛrno] **der Winter**
Quest'inverno non ha nevicato. → *Diesen Winter hat es nicht geschneit.*

Raum

la direzione
[diret'tsio:ne] **die Richtung**
Ci può dire in che direzione si trova la cattedrale? → *Können Sie uns sagen, in welcher Richtung die Kathedrale liegt?*

dove
['do:ve] **wo, wohin**
Dove vuoi andare? → *Wo willst du denn hin?*

qui, qua
[kui, kua] **hier**
Ci troviamo qui domani alla stessa ora. → *Wir treffen uns morgen hier um die gleiche Uhrzeit.*

lì, là
[li, la] **da, dort**
Lui ci aspetta lì. → *Er wartet dort (drüben) auf uns.*

la destra
['dɛstra] **die rechte Seite**
Sulla destra vedete la nuova

biblioteca. ↔ *Auf der rechten Seite sehen Sie die neue Bibliothek.*

la sinistra
[si'nistra] **die linke Seite**
Prenda la prima strada a sinistra dopo il semaforo. ↔ *Ihr müsst nach der Ampel die erste Straße auf der linken Seite nehmen.*

d(i)ritto
[di'ritto, 'dritto] **geradeaus**
Per il municipio sempre dritto. ↔ *Zum Rathaus geht es immer geradeaus.*

svoltare
[zvɔl'ta:re] **abbiegen**
Al distributore (di benzina) svoltare a destra. ↔ *An der Tankstelle rechts abbiegen.*

accanto a
[ak'kanto] **neben**
Il ristorante si trova accanto al cinema. ↔ *Neben dem Kino befindet sich das Restaurant.*

di fronte
['fronte] **gegenüber (von)**
Mia madre abita di fronte alla farmacia. ↔ *Meine Mutter wohnt gegenüber der Apotheke.*

dietro
['diɛ:tro] **hinter**
Si è nasconsto dietro all'albero. ↔ *Er hat sich hinter einem Baum versteckt.*

attraversare
[attraver'sa:re] **überqueren**
Per arrivare dai nostri amici bisogna attraversare il ponte. ↔ *Man muss über die Brücke gehen, um zu unseren Freunden zu kommen.*

passare, superare
[pas'sa:re, supe'ra:re] **vorbeikommen, vorbeilaufen**
Oh no, abbiamo superato la meta/destinazione. ↔ *Oh nein, wir sind am Ziel vorbeigelaufen!*

andare troppo oltre
[an'da:re'trɔppo'oltre] **zu weit gelaufen**
Sei andato troppo oltre. Devi tornare indietro. ↔ *Da bist du aber zu weit gelaufen. Du musst wieder zurückgehen.*

lontano, lontana, distante

[lon'ta:no, dis'tante] **weit**
Quanto è lontano/distante? ↔ *Wie weit ist das?*

vicino

[vi'tʃi:no] **vicina** **nah(e), in der Nähe**
Il museo è abbastanza vicino, si può andare a piedi. ↔ *Das Museum ist ganz in der Nähe, man kann zu Fuß hingehen.*

la destinazione

[destinat'tsio:ne] **das Ziel**
Alla fine abbiamo raggiunto la destinazione! ↔ *Endlich haben wir das Ziel erreicht!*

perdersi

['pɛrdersi] **sich verlaufen**
Oh no! Ci siamo di nuovo persi. ↔ *Oh nein! Wir haben uns schon wieder verlaufen!*

Die italienische Bevölkerung ist räumlich nicht sehr mobil. Die Menschen verbleiben in ihrer Heimatstadt, studieren und arbeiten vor Ort und bleiben so bei den Verwandten. Aus diesem Grund hat das Eigenheim in Italien kulturell gesehen einen besonders hohen Stellenwert.

Zahlen

Zahlen und Mengen

il numero
['nu:mero] **die Zahl**
Il mio numero fortunato è il sette. ↔ *Meine Glückszahl ist die Sieben.*

la quantità
[kuanti'ta] **die Menge**
Sulla spiaggia c'era una grande quantità di conchiglie. ↔ *Am Strand waren viele Muscheln.*

quanto
['kuanto] **quanta wie viel?**
Quanti siete? ↔ *Wie viele sind sie?*

tutti
['tutti] **alle**
Sono venuti tutti. ↔ *Sie sind alle gekommen.*

ogni
['oɲɲi] **jeder, jede, jedes**
Ogni mattina sono io quello che prepara la colazione. ↔ *Jeden Morgen bin ich es, der/die das Frühstück macht.*

molto[1]
['molto] **molta sehr**
Mi piace molto la tua pettinatura. ↔ *Deine Frisur gefällt mir sehr gut.*

molto[2]
['molto] **molta viel**
Oggi ho molto tempo libero. ↔ *Heute habe ich viel Freizeit.*

più
[piu] **mehr**
Lui ha 15 anni più di me. ↔ *Er ist 15 Jahre älter als ich.*

meno
['me:no] **weniger**
Loro hanno avuto meno fortuna di noi. ↔ *Sie hatten weniger Glück als wir.*

poco
['pɔ:ko] **poca wenig**
C'era poca gente alla conferenza. ↔ *Bei dem Vortrag waren nur wenige Leute.*

niente
['niɛnte] **nichts**
Gli invitati non hanno mangiato niente. ↔ *Die Gäste haben nichts gegessen.*

non
[non] **keiner, keine, keins**
Non ho più sigarette. ↔ *Ich habe keine Zigaretten mehr.*

il pezzo
['pettso] **das Stück, das Teil**
Manca un pezzo del puzzle. ➜ *Bei dem Puzzle fehlt ein Teil.*

la metà
[me'ta] **die Hälfte**
Ha già letto metà dei libri che ha comprato questa mattina. ➜ *Sie hat schon die Hälfte des Buches gelesen, das sie heute Morgen erst gekauft hat.*

doppio
['doppio] **doppia doppelt**
Ho vinto il doppio della mia puntata e poi sono andato a incassarlo. ➜ *Ich habe die doppelte Menge meines Einsatzes gewonnen und eingelöst.*

triplo
['tri:plo] **tripla dreifach**
Il medico gli ha prescritto una tripla dose. ➜ *Der Arzt hat ihm die dreifache Dosis verschrieben.*

zero
['dzɛ:ro] **0 null**

uno
['u:no] **1 eins**

due
['du:e] **2 zwei**

tre
[tre] **3 drei**

quattro
['kuattro] **4 vier**

cinque
['tʃiŋkue] **5 fünf**

sei
['sɛ:i] **6 sechs**

sette
['sɛtte] **7 sieben**

otto
['ɔtto] **8 acht**

nove
['nɔ:ve] **9 neun**

dieci
['diɛ:tʃi] **10 zehn**

undici
['unditʃi] **11 elf**

dodici
['do:ditʃi] **12 zwölf**

tredici
['tre:ditʃi] **13 dreizehn**

quattordici
[kuat'torditʃi] **14 vierzehn**

quindici
['kuinditʃi] **15 fünfzehn**

sedici
['se:ditʃi] **16 sechzehn**

diciassette
[ditʃas'sɛtte] **17 siebzehn**

diciotto
[di'tʃɔtto] **18 achtzehn**

diciannove
[ditʃan'nɔ:ve] **19 neunzehn**

venti
['venti] **20 zwanzig**

ventuno
[ven'tu:no] **21 einundzwanzig**

ventidue
['venti'du:e] **22 zweiundzwanzig**

ventitré
['ventitre] **23 dreiundzwanzig**

trenta
['trenta] **30 dreißig**

quaranta
[kua'ranta] **40 vierzig**

cinquanta
[tʃiŋ'kuanta] **50 fünfzig**

sessanta
[ses'santa] **60 sechzig**

settanta
[set'tanta] **70 siebzig**

ottanta
[ot'tanta] **80 achtzig**

novanta
[no'vanta] **90 neunzig**

cento
['tʃɛnto] **100 hundert**

centouno
['tʃɛnto'u:no] **101 hundert(und)eins**

duecento
['du:o'tʃɛnto] **200 zweihundert**

cinquecento
['tʃiŋkue'tʃɛnto] **500 fünfhundert**

novecento
[nove'tʃɛnto] **900 neunhundert**

mille
['mille] **1000 tausend**

un milione
[unmi'lio:ne] **1 000 000 eine Million**

un miliardo
[unmi'liardo] **1 000 000 000 eine Milliarde**

primo
['pri:mo] **prima erster, erste, erstes**

secondo
[se'kondo] **seconda zweiter, zweite, zweites**

terzo
['tɛrtso] **terza dritter, dritte, drittes**

quarto
['kuarto] **quarta** **vierter, vierte, viertes**

quinto
['kuinto] **quinta** **fünfter, fünfte, fünftes**

sesto
['sɛsto] **sesta** **sechster, sechste, sechstes**

settimo
['sɛttimo] **settima** **siebter, siebte, siebtes**

ottavo
[ot'ta:vo] **ottava** **achter, achte, achtes**

nono
['nɔ:no] **nona** **neunter, neunte, neuntes**

decimo
['dɛ:tʃimo] **decima** **zehnter, zehnte, zehntes**

Maße und Gewichte

il chilo(grammo)
[kilo'grammo] **das Kilo(gramm)**
Ho preso due chili in una settimana ➜ *Ich habe in einer Woche zwei Kilo abgenommen.*

il grammo
['grammo] **das Gramm**
Prendo 500 grammi di carne macinata. ➜ *Ich nehme 500 Gramm Hackfleisch.*

pesare
[pe'sa:re] **wiegen**
Le verdure vengono pesate alla cassa. ➜ *Das Gemüse wird an der Kasse gewogen.*

pesante
[pe'sante] **schwer**
E' pesante come un elefante! ugs ➜ *Er wiegt so viel wie ein Elefant!* ugs

leggero
[led'dʒɛ:ro] **leggera** **leicht**
Il cuscino è leggero. ➜ *Das Kopfkissen ist leicht.*

il mezzo a chilo
['mɛddzo-] **das Pfund**
Mezzo chilo di ciliege, per favore. ↔ *Ein Pfund Kirschen, bitte.*

il litro
['li:tro] **das/der Liter**
Ho bisogno di un litro di aceto. ↔ *Ich brauche einen Liter Essig.*

la tonnellata
[tonnel'la:ta] **die Tonne**
Il menhir pesa più di una tonnellata. ↔ *Der Menhir wiegt über eine Tonne.*

il volume
[vo'lu:me] **das Volumen**
Qual è il volume del serbatoio d'acqua? ↔ *Wie viel Volumen hat der Wassertank?*

il chilometro
[ki'lɔ:metro] **der Kilometer**
I miei genitori abitano a dieci chilometri di distanza da noi. ↔ *Meine Eltern wohnen zehn Kilometer von uns entfernt.*

il metro
['mɛ:tro] **der Meter**
Il municipio di trova a 200 metri da qui. ↔ *Das Rathaus befindet sich 200 Meter von hier entfernt.*

alto
['alto] **groß**
Quanto sono alto? Un metro e ottanta! ↔ *Wie groß ich bin? 1,80 m!*

grande
['grande] **groß**
Viviamo in una grande città. ↔ *Wir leben in einer großen Stadt.*

lungo
['luŋgo] **lunga** **lang**
Ho bisogno di un cordino più lungo per fare il pacchetto. ↔ *Ich brauche eine längere Schnur für das Päckchen.*

profondo
[pro'fondo] **profonda** **tief**
Il lago è profondo. ↔ *Der See ist tief.*

largo
['largo] **larga** **breit**
Il tavolo non entra in cucina, è troppo largo. ↔ *Der Tisch passt nicht in die Küche, er ist zu breit.*

stretto
['stretto] **stretta** **schmal**
La strada era stretta. ↔ *Der Weg war sehr schmal.*

Wort für Wort

Italienisch

A

B

D

E

Q

R

S

Z

Deutsch

A

B

C

D

E

F

G

H

I

T

U

V